# 擒牛周期
## 太极十二招图解

杜明学 ———— 著

四川人民出版社

**图书在版编目（CIP）数据**

擒牛周期：太极十二招图解/杜明学著. —成都：
四川人民出版社，2018.12
ISBN 978－7－220－10985－0

Ⅰ.①擒… Ⅱ.①杜… Ⅲ.①股票投资－基本知识
Ⅳ. ①F830.91

中国版本图书馆 CIP 数据核字（2018）第 208584 号

QINNIU ZHOUQI TAIJI SHIERZHAO TUJIE

**擒牛周期：太极十二招图解**

杜明学　著

| | |
|---|---|
| 策划组稿 | 何朝霞 |
| 责任编辑 | 何朝霞 |
| 封面设计 | 张　科 |
| 版式设计 | 戴雨虹 |
| 责任校对 | 舒晓利　王　璐 |
| 责任印制 | 王　俊 |

| | |
|---|---|
| 出版发行 | 四川人民出版社（成都市槐树街 2 号） |
| 网　　址 | http://www.scpph.com |
| E-mail | scrmcbs@sina.com |
| 新浪微博 | @四川人民出版社 |
| 微信公众号 | 四川人民出版社 |
| 发行部业务电话 | （028）86259624　86259453 |
| 防盗版举报电话 | （028）86259624 |
| 照　　排 | 四川胜翔数码印务设计有限公司 |
| 印　　刷 | 成都蜀通印务有限责任公司 |
| 成品尺寸 | 185mm×260mm |
| 印　　张 | 17.75 |
| 字　　数 | 320 千 |
| 版　　次 | 2018 年 12 月第 1 版 |
| 印　　次 | 2018 年 12 月第 1 次印刷 |
| 书　　号 | ISBN 978－7－220－10985－0 |
| 定　　价 | 56.00 元 |

# 序

前段时间作者请我为本书作序，起初我比较犹豫，因为作者是证券行业里面的一名资深人士，何须我多言？但我看了书稿之后，不禁提笔写下了一些感想和思考。

我与股市，其实还是挺有渊源的。1982年9月至1989年7月，我在南国名校中山大学完成了本科和研究生学业。求学期间，珠三角地区特别是广州、深圳的改革开放浪潮洗涤了每一位来自内地的学子，尤其是像我这样从贫困地区走出来的年轻人，耳濡目染，不仅"财商意识"被激发，而且更加向往"财务自由"。1989年下半年，我被分配到西南交通大学社会科学系工作，担任团总支书记和辅导员，与教学工作相比较为"悠闲"，于是我兼职做了"企业策划"（当时最为流行的公共关系），满城奔跑，承接业务、组织实施，因此结识了一大批政界、新闻界、企业界的朋友。1992年初，我偶然涉足时称中国最大的"一级半"市场（现在的三板市场之雏形）——"成都红庙子股票自发交易市场"。

红庙子是成都青羊区一条狭窄的普通小街，因为20世纪80年代四川股份制改革做得早，川盐化、金路、天歌、乐山电力、红光电子、湖山音响、锦华纺织、长虹、长钢、广华化纤等企业先后股改，并向社会公开发行了股票，这些股票和其他企业发行的股权证以及国库券、企业债券、可转债等证券聚集在此交易，所以吸引了本地一批吃螃蟹者和来自全国各地的炒家，随着人气的暴涨，财富效应剧增，红庙子的名气在国内投资界无人不晓。

首次投身风险投资的决策是痛苦的，经与家人、朋友连续三个晚上的研讨，最后决定我与一位朋友合伙借款10万元到红庙子炒股，由我亲自操作并承担所有风险，但收益平分。吃螃蟹的勇气是在广州练就的，而第一次炒股承受的风险压力可想而知，非常幸运的是我首战取得了成功。也因为这段经历，我开始对投资经济学、证券期货交易等理论与实务备感兴趣，闲暇时深入钻研。1993 年，西南交通大学经济学和国际贸易专业正式招生，我从此步入了教学殿堂，为本专业和全校学生开设《投资经济学》《证券投资学》《期货交易实务》等课程，长达 15 年，我也因此成长为一名经济学教授，理论联系实际的教学，感染了无数的学生，也为金融界、企业界培养了不少人才，其中有财政部的债券专家、上市公司的老总、基金公司的经理与分析师等精英。1994 年我在四川证券（现在的华西证券）西玉龙街营业部开户，正式进入了 A 股市场。20 多年来中国股市的起起伏伏，让我积累了丰富的实操经验和对中国证券市场的深刻认识，当然，在一定程度上也实现了家庭财务自由，与本书作者一样，感同身受。

股市，作为实体经济的直接融资平台（资金蓄水池），发挥了特别重要的作用，尤其是在新时代中国特色社会主义背景下股市更是要为实体经济服务，促进产业升级，提升服务国家战略能力和国际竞争力。综观目前我国的资本市场，已经形成了主板、中小企业板、创业板、全国中小企业股份转让系统、区域性股权转让市场等多层次的证券市场格局，还形成了产权交易所、商品交易所、金融期货交易所等多市场并存发展的局面。股票、基金、债券、期货、大宗商品、外汇、理财产品等多样化的金融投资产品为投资者提供了更加丰富的投资选择。展望未来，投资者机构化时代将来临：投资者从散户向机构转型，投资环境将更为理性，交易活动走向多样化，金融工具更为复杂。此外，股市波动性将降低，财富管理市场也会向成熟发展，金融业对外开放、资本市场国际化将大幅提高（"沪股通""深股通""沪伦通"、A 股"入摩 MSCI"），注册制改革进程将加快。中国股市，现阶段参与的主体仍是广大的散户投资者，如何面对上述中国证券市场发展的机遇和挑战，怎样保护好这个弱势群体，让这个群体成熟起来，更加理性地参与股市博弈，实现投资理念和投资行为转型，这是一个重要的课题。令人欣慰的是，《擒牛周期——太极十二招图解》及时出版了。

我读过《富爸爸穷爸爸》这本书，书中许多语录既精辟又契合我在炒股道路上的心路历程，比如"选择不同，命运也不同"，"钱是一种力量，但更有力量的是有关理财的教育"，"对于富爸爸来说，不断学习才是一切。从长远来看，教育比金钱更有价值"。因此，我建议那些整天盯着荧屏看股价翻红翻绿的散户投资者，不如静下心来多花时间读一些有益的投资理财书籍，转变投资理念与价值观，这尤为重要。华尔街的经典著作要读，比如《聪明的投资者》《金融炼金术》《战胜华尔街》《巴菲特：从 100

元到160亿》《罗杰斯投资环球旅行》等；而贴近我国股市实际的通俗易懂的著作更应该多读，比如《擒牛周期——太极十二招图解》这本书就是针对A股市场行情研判、案例剖析和技术分析特别是股票走势形态分析，结合作者在证券公司长期从事证券投资分析工作和修炼太极拳的心得体会而总结提炼出的炒股实操秘籍，值得经历过炒股酸甜苦辣的散户投资者研读。

我仔细地看了这本股票投资实操图书，感到特别有意思。作者运用太极拳基本理念与拳法分析A股市场股票走势，旨在帮助广大散户投资者更好地修炼和成熟起来。我们知道，股票走势由政策面、基本面和技术面结合形成，作者将太极精华融入技术分析，从技术层面揭开股市走势的神秘内在驱动力。书中使用了大量的实战案例，结合图形组合，如太极行拳一般，一招一式，条分缕析，让人们清清楚楚地看懂股票运行趋势，掌握应对办法。特别在第九招这一章里，操作讲解得非常具体到位。概念化的解读往往让人不知所云，作者担心读者对相关操作概念理解不透，于是通过案例进行分析讲解，细化到每一步买进数量、价格，又如何一步一步地卖出，作者如此这般费心，还有什么晦涩难懂的呢?!

股票分析研究，只有修炼到了一定境界才会有如此的心得体会，这得归功于作者长期在证券行业里摸爬滚打、积累了丰富的"有代价"的实战经验，并且经历了我国A股市场若干轮牛、熊市考验，加之他持之以恒地修炼太极拳，因此能悟出和总结出自己独到的见解，这是我特别欣赏的地方。作为对股票投资感兴趣的读者来说，现在市场上股票分析书籍足够多，找到适合自己的那一本书才是最好的。股票技术分析终归受到宏观经济、中观区域经济与产业经济、微观公司自身发展等综合因素的多重影响、交互影响，因此，我建议读者在学习和运用本书所提供的一招一式的同时，应加强对影响我国股市的政策面和上市公司基本面的深入研判。

最后，我要祝愿作者继续深入探讨炒股之道，再出佳作！也祝愿广大A股散户投资者好运！读这本书的读者好运！

骆玲[①]

2018年9月16日于西南交大九里校区

---

① 骆玲系西南交通大学经济管理学院教授，四川省产业经济发展研究院常务副院长，西南交通大学中国公私合作研究院执行院长。

# 前—言

　　一般初入股市的人，都会觉得股市很神秘，一时不知如何入手，电脑上红红绿绿的曲线是什么意思，财务报表、公司信息、宏观新闻和统计数据怎样跟股市结合起来，等等，真让人头疼。面对市场上五花八门的股市图书，找一本适合自己的也不是一件容易的事。

　　遥想当年，证券市场刚刚兴办时，哪有什么分析股票的书本，投资者都得跑到证券营业部去盯着大屏了解行情，自己用笔记录股票价格等信息进行分析，特别用心者，会天天坚持记录，长此以往，就收集了厚厚的数字信息，笔者知道有一个年近九旬的老人，至今仍保留这个习惯！

　　中国证券市场刚开始那几年，混沌不堪，行情忽上忽下，各种势力兴风作浪，1995年"327国债事件"让市场见识了什么叫血雨腥风。当时笔者在建设银行证券机构（那时还未银证脱钩），至今仍清晰地记得，"327国债事件"发生不久，《上海证券报》以"寻找证券市场大智慧"为题，发动全社会的专家智囊有识之士进行了较长时间广泛深入、轰轰烈烈的专题大讨论。

　　国外成熟的资本主义国家他们的股市是怎样运作的？投资者是怎样参与的？那些如雷贯耳的投资大家又是如何操作的？国内市面上开始有了介绍巴菲特、格雷厄姆、芒格等大师投资观念的书本出现，这些大师的投资方式，如一股清风，让中国股民知道了投资是有方法的，而道氏理论、波浪理论、江恩理论等技术分析方法的引进，立即被中国股民奉为圭臬，中国股民更愿意用技术方法来分析每天股票的涨跌，但很多人在使用一段时间后，却陷入了迷茫之中，发现理论很好，但操作起来有很大的偏差。

其实，中国的投资者在认识上有一个误区。须知，即便是欧美成熟市场经历了数百年的发展，已经是一个半强势有效市场，这些技术理论在应用上仍是有缺陷的，并不能完满解决市场上所有的问题，更何况仅有20多年历史的中国股市，还处在一个弱势有效市场，就有很多不规范的地方，市场上经常变换着各种炒作手法，存在着欺诈。身处初级阶段的中国股市，更不能刻舟求剑缘木求鱼，得学会灵活运用和变通。

笔者在20多年的证券投资实践中，总结提炼了一套适合广大股民朋友操作的战法——太极十二招，经历较长时间的实盘检验，具有很强的可操作性，笔者的很多客户得到要领后，现在都能熟练运用了。授人以鱼，不如授人以渔，笔者作为长期从事证券分析的科班人士，有志于向广大投资者传达合乎实际的投资方法。在这本书里，笔者首次把自己独创的战法整理成书公之于众，就是想让更多的股民朋友们尽快成熟起来，走出投资误区，获得好的投资收益。

为什么是太极十二招呢？

中国五千年悠久的文化孕育了中华武术这一历史瑰宝。太极拳作为我国众多武术之一，从古到今长盛不衰，天人合一、万物皆化是太极拳的精髓，强调人与自然的和谐，认为万物都是由阴阳组成，动而生阳，静而生阴，动极而静，二者之间相互转化的过程就是太极。

笔者自幼习武，略知皮毛，在习武的过程中，深切体会到武术对于人们强身健体和精神气质的重要性。太极拳的一招一式，如行云流水，功法自然，以柔克刚，逢凶化吉。联系到千变万化的股市，运用太极拳的相关招式、形态和意念，将有莫大的帮助，经过笔者长期的观摩修炼，从太极拳诸多招式中，精选了跟股票形态贴切的十二招，由简入繁，逐级升华，最终完成一整套股票操作系统，如一套太极拳法打下来，化解投资股票过程中遇到的各个关卡，最后一章招式打完，会有通关一样的轻松。

可能很多投资者并不是武术爱好者，不懂太极拳招式，没有关系，阅读时，直接跳过有关太极拳文字，循序渐进看下去就好，太极拳招式只是让懂拳的人可以通过每一招行拳动作，更好地联系结合股票运行形态进行理解；目录标题可能也会有人感到晦涩难懂，这只是太极拳法相关招式的一种形象说法和笔者的独创称谓，内容更通俗易懂，并不会产生阅读障碍。

本书最突出的一点，就是强调实战，一切以实战为出发点。我们知道，股票生命周期将经历这样几个阶段，底部低迷期、初升恢复期、快速拉升期、滞涨见顶期、下跌期等，主力又会通过洗盘吸货、打压挖坑震仓、快速拉高、出货完成操作，本书围绕这些不同阶段的股票形态、主力炒作手法进行逐一讲解，帮助投资者正确识别以便把握参与机会，做到随机而动。

本书每个章节先从示意图讲解入手，再辅以实战案例进一步阐述，强化训练。本书大量的配图，便于读者消化和理解书中提到的股票形态理论，有助实战运用。本书剖析了各种情势下的盈利机会，即便是第一章讲述的最令人难熬的底部横盘股票，仍能找到其较为稳妥的局部机会。按照适当性管理原则，无论是稳健型，还是积极型、激进型投资者，都能在本书中找到相应的参与方式。不过，本书案例信息仅供参考，不构成投资建议。

股市，是为有准备的人开放的，希望广大投资者都是有心之人，欢迎大家与笔者交流，笔者个人微信号：dmx510502。本书将让一个初识股市者，很快就能进入到正常的操作中来，少走弯路，规避误区；对于老股民来说，则可以直接跳到自己关注的章节上去读，可以得到更大的提升并开阔视野。

最后，笔者按照自己独创的分析方法，在不同时期挖掘了很多当时引起轰动的牛股、妖股，笔者发表的文章，也时常被所谓网上大 V、电视股评名人窃取。本书选取了两篇当年发表的文章，《成飞集成（002190）——王者归来的三大启示》《妖股出没记——特立 A（000025）》，供大家参阅。

杜明学

2018 年 9 月 8 日于成都

# 目录

**第一招 起势：提气屏胸，潜伏龙潭** /001

第一式 静态起势/004

第二式 半静态半动态起势及实战/008

第三式 动态起势及实战/013

第四式 再静态起势及实战/016

小 结/019

**第二招 懒扎衣：随性而起，择股出击** /021

第一式 箱体突破及实战/024

第二式 触底反弹及实战/028

第三式 弹升回档再起及实战/032

第四式 突破长期盘整爬升及实战/035

第五式 突破颈线及实战/038

第六式 突破三角形整理及实战/041

小 结/044

**第三招 云手：云遮雾罩迷离，妙手回春光明** /047

第一式 斜梁压制反转及实战/050

第二式 变盘障眼法及实战/053

第三式 V形组合变脸及实战/058

小 结/060

**第四招　高探马：既拉又打，高调试敌**/063

　　第一式　腾挪躲闪及实战/066

　　第二式　乘胜追击型及实战/070

　　第三式　挖坑填埋及实战/073

　　第四式　大阴线反转及实战/076

　　小　　结/079


**第五招　倒卷肱：倾巢之下，临危蓄力**/081

　　第一式　下跌衰竭缺口及实战/084

　　第二式　下降楔形反转及实战/087

　　第三式　衰竭趋势反转及实战/090

　　小　　结/093


**第六招　六封四闭：举刀洗劫，吸血筹码**/095

　　第一式　针刺洗劫及实战/098

　　第二式　闪崩反转及实战/106

　　第三式　炸翻堡垒及实战/113

　　第四式　勒紧绞索及实战/117

　　小　　结/120


**第七招　闪通背：出其不意，闪击个股**/123

　　第一式　冲击波及实战/126

　　第二式　脉冲波及实战/132

　　第三式　瀑布波及实战/139

　　第四式　杀跌波及实战/144

　　第五式　尾盘变脸波及实战/148

　　小　　结/153

**第八招** 玉女穿梭：织女金梭织绫罗，顺逆螺旋皆掌控／155

第一式　向上发散形及实战／158

第二式　向下发散形及实战／161

第三式　上山爬坡形及实战／164

第四式　下山滑坡形及实战／169

第五式　逐浪上升形及实战／172

第六式　逐浪下降形及实战／175

小　结／178

**第九招** 斜行拗步：截胡敌手，解套逃脱／181

第一式　上涨控仓及实战／184

第二式　下跌控仓及实战／189

第三式　向下差价法及实战／196

第四式　向上差价法及实战／199

小　结／202

**第十招** 野马分鬃：转折起势，强劲反转／205

第一式　上涨缺口及实战／208

第二式　底部岛形反转及实战／211

第三式　空中加油及实战／214

第四式　底部抬高突破及实战／218

小　结／223

**第十一招** 金刚捣碓：积万钧之力，搏击涨停板／225

第一式　龙头股追击及实战／228

第二式　直线拉板法及实战／233

第三式　涨停回调买入法及实战／240

小　结／243

**第十二招　收势：起落自如，全身而退**/245

第一式　MACD死叉见顶及实战/248

第二式　长上影线见顶及实战/252

第三式　乌云盖顶形态及实战/257

小　结/261

**附录**/262

**后记**/269

第一招

# 起势：提气屏胸，潜伏龙潭

2007

2010

2013

起势，属于太极拳的初始动作，太极拳由静到动，由简入繁，都是从这一步开始的，这一步是进入太极拳登堂入室的必修招式，虽然本招式粗看简单，但基本功却要练扎实，否则练拳只有其形，而无其神。

太极拳极为讲究阴阳平衡，从无极到太极，在起势一招一式看似简单的修炼中，其实就经历了由静止到半静半动，到动，再回到静的一个圆的过程，在这个修炼过程中，通过技法的精进顿悟太极拳精髓，开智灵光。

功到自然成，调匀呼吸，舒展肢体，自然平和，不急不躁，由此起步。

起势时期的股票，在股票生命周期里面属于生命的原点，股票生命的起源将从这里开始。

任何有生命的物质，随着时间的推移，总有一些生命萌动的信息发出，这样萌动的信息或明或暗、或长或短，形态多样，我们通过感悟太极拳起势招式，耐心捕捉这些信息，对研习整个股票生命起源将有莫大的帮助。

起势，作为太极十二招的第一招，必须要练好，这是基本功。完整研究一只股票生命周期，必须要从研究这只股票的底部形态开始做起，一步一步地按照套路走，系统地研究学习股票各个时期的表现形态，反复推演不断精进，才能识别股市中千变万化的技术形态，最终使投资得到良好的回报。

股票起势有几种运动形态，分为静止、半静半动、动、再静止这样一个往复循环的运动过程。

下面分别讲解招式。

# 静态起势

## 一、静态起势

基于股价的起落运动，我们在价格处于相对底部的时候，观察价格横盘时间的长短，有的时间长，有的时间短。时间长的，属于静默期，相当于一潭湖水，在静静地积蓄山上缓缓流下的清泉，这种情况，我们就得耐心地观察股价每天的细微变化，如成交量、每分钟成交笔数、全天的大单笔数。一般来说，股价每天的变化都不大，好像一潭死水。那么，怎样分辨它们的细微变化呢？如：成交量是否开始逐步有所增大，每分钟成交笔数是否跟往常不一样，开始增多，全天的大单量和笔数是否也在增多等。

股票走势围绕股价平均线窄幅运行的时间越长，属于静态起势阶段的判定越有效。此书中的股价平均线是指在一段时间范围内的交易日收盘价，去掉最高、最低值的平均数，作一条水平线。

示意图

欧亚集团（600697）2017年4月19日～10月27日日K线走势图

上图显示，欧亚集团从 2017 年 5 月 11 日开始到 11 月初，历时半年，一直属于横盘状态，处于起势阶段，尽管中途有几次下探和上穿，但很快又回到原状态，而从较大视角上看，此间的下探上穿也属于横盘状态。

**静态起势的实际意义**

此种走势的股票如一潭死水，适合保守谨慎型投资者参考。股市有一种说法：横有多长，竖有多高。不过，这是需要长期坚守才行的。

一只股票，不论指数涨或跌，长期横盘，有的长达一两年都无大的变化，显得毫无人气，短期的也有几个月、几周，这需要我们的长期跟踪观察，与之同呼吸共脉跳，长此以往，就心中有数了，基本上，它每天的变化你都能感知了。

股价在长期横盘的过程中，会出现脉冲式的走势，成交量也不一定是保持不变的，有时变化也会挺大的，如下图：

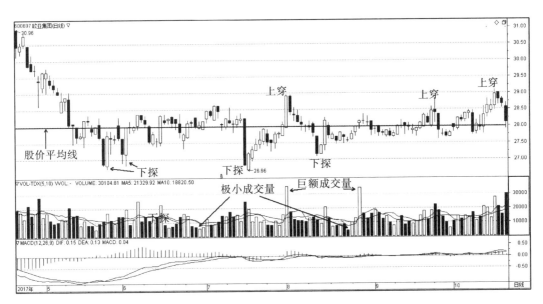

欧亚集团（600697）2017 年 4 月 19 日～10 月 27 日日 K 线走势图

这种变化，在当时，可能感觉很突然，以为将变盘，改变股票原有运行轨道，但不久又稳定下来，不再继续向下或者向上运行，成交量也很快缩回到常态，只是虚惊一场。

对于这种情况，怎样来判断是变盘，还是回到横盘呢？把时间放长一点是观察的基本方法。

首先是看它次日的变化，以及未来几日的股价能否返回原来的状态；其次是多观察几次这样的变化，看看股价或者成交量是否仍然处于原来的水平线附近。较长时间横盘运行的股价，一般会发生两到三次或者更多次类似状况，认真观察前几次以后，再发生类似情况，也就不会那么紧张了，甚至基本可以判定，它仍处于起势阶段。

**起势阶段股票出现异常突变的四个应用场景**

（1）如某一天下探幅度过大时，要敢于出手，见机参与进去，然后坐等它慢慢回升，到达股价水平线时，卖出即可；

（2）在股价水平线下方时，可尝试参与进去，而在某一天上穿过大时，达到或临近前一次的上穿高点时，果断卖出。

（3）当成交量极度萎缩时，及时参与进去，等待股价上穿，如出现相反的下探走势，可在尾盘时加仓（理由见第一条）；

（4）当成交量巨额放大时，一般股价是上穿的，则择机卖出（理由见第二条），如股价是下探的，可择机加仓（理由见第一条）。

**股价起势阶段重要提示**

从以上的分析讲解可以看出，作为本阶段的股票，一般是股票从高位跌下来后，跌无可跌，一直处于长期横盘中，股价、成交量没什么变化，基本上可以画一条水平线，股价围绕这条线上下窄幅波动。本阶段对于投资者来说，需要有足够的耐心，长期观察并跟踪每天的走势，观察跟踪的时间越长，其可靠性越大。

股票本阶段的操作要领，正如太极拳起势一样，要从用意而不是用力入手，静心观察，不急于下结论，把时间放得足够长，操作起来就会从容不迫，遇到突发情况，千万不要惊慌失措，乱了方寸，这样才能逮到局部机会，一击而中。不过，也有失效的情况，如出现突变，次日股价继续往突变的方向运行，再也不回到原来的轨道上去，这就意味着变盘了。这种情况，后面章节我会有专门的论述，并用另外的太极招式应对之。

## 二、案例及应用

➡ **实战案例一：两条股价水平线**

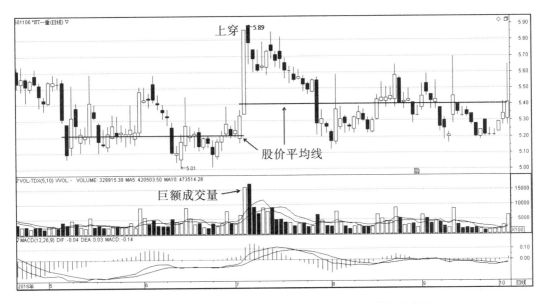

ST一重（601106）2016年4月21日～10月12日日K线走势图

上图是一只运行时间有5个月的起势阶段的股票，它是起势的一种变异，从上图可以看到，ST一重只有一次大的上穿突变，然后从次日起开始回落至前面的水平线，该股票可画出两条水平线，前一条低一些，发生上穿突变后，产生了一条稍高一点台阶的水平线，巨额成交量在上穿位置产生了一次，这张图，也是属于起势阶段的股票走势图。

➡ **实战案例二：多条股价水平线**

下图是鞍重股份2017年4月至10月中旬，持续6个月的起势图，它由多条上下不同的起势水平线组成，它的第一条水平线在半路上出现过下探，不过它不是于次日就回到原来的起势线上去，而是延续了几日下探再慢慢回复上去的。若时间放得长一些，这次下探仍属于在同一条水平线上，而第二次水平线则是在第一次水平线连续几日大幅下探后，才稳定下来的，第三次水平线小幅抬高了一个台阶，成交量有所放大，是因为阻力较小。最后一次水平线，则是放出巨量拉升后，再缩量横盘整理形成的，这条线又基本回到了第一条水平线的位置。

这张图显示，通过几次水平线的形成，股价最终又回到了原来的水平线位置上，投资者可以依据起势原理进行相应的操作。

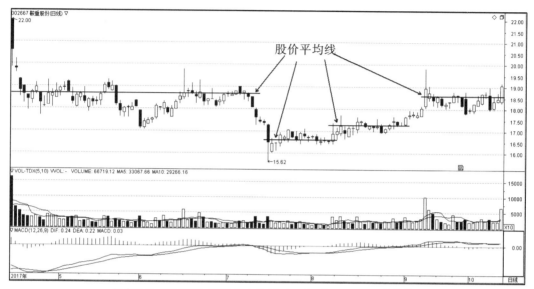

鞍重股份（002667）2017 年 4 月 13 日～10 月 19 日日 K 线走势图

## 第二式 ▶ ●●

# 半静态半动态起势及实战

### 一、半静态半动态起势

一只股票从高位回落到它近年来的低位水平，似乎跌无可跌了，但它还是一点一点后退，树欲静而风不止，处于半静半动状态，时间拉长一点，它慢慢退缩到一定位置之后，又慢慢往上一点一点地修复到刚开始退缩的那个位置，这个过程，长一点的，一般历时三四个月（如下图）。

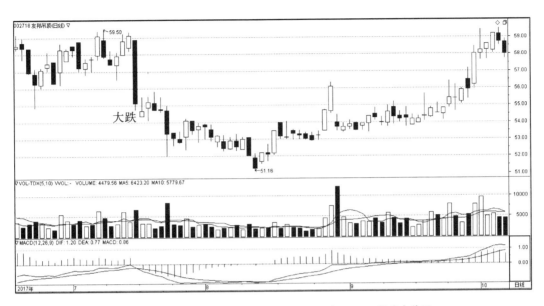

友邦吊顶（002718）2017 年 6 月 20 日～10 月 13 日日 K 线走势图

友邦吊顶这只股票原本走势平稳，但有一天突然大跌，稳定 4 天后，再次大幅下跌，并没出现静态起势阶段次日开始回升到它原来的状态中，因此判定它不是静态起势股票，它慢慢继续回落，不过它回落到一定程度后即止跌，又慢慢回升上去。

处于一种特定形态中的股票，它会按照既定的轨道运行，一些突变因素也不能改变它的走势，短暂的偏离后即会马上回到原来的轨道上去的。

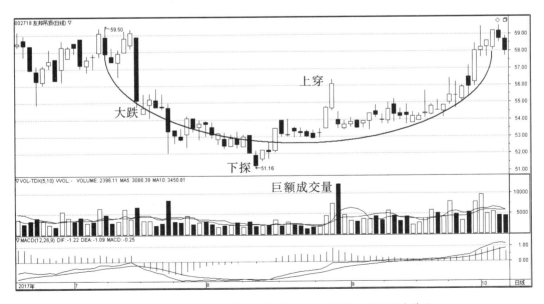

友邦吊顶（002718）2017 年 6 月 20 日～10 月 13 日日 K 线走势图

上图圆弧的中间位置，出现了一次快速下探，但它次日就回升，股价仍在圆弧线上运行，股价上穿也是这样，它连续两天上穿后，仍回到原来的轨道上，伴随着股价上穿，出现巨额成交量，又马上缩量回到原来的量能状态。

由此，我们得出一个重要结论，当原来稳定的形态被强力破坏后，它如没再马上回升上去，而是且战且退地慢慢回落，就是半静态半动态起势形态，在此形态上发生的突变情况，将会回到原来的轨道上去的。

股价在经历了漫长的下跌之后，跌势逐渐趋缓，并最终停止下跌，在底部横盘一段时间后，开始再次缓慢回升，形成上升趋势。

当股价从高位开始回落之初，人们对股价的反弹充满信心，市场气氛依然热烈，因此股价的波动幅度在人们的踊跃参与之下依然较大，但事实上，股价在震荡中正在逐渐走低，不用多久，人们就发现这时的市场很难挣钱，甚至还常常亏钱，因此参与市场的兴趣逐渐降低，而参与的人越少，股价更加要向下发展取得平衡，正是这种循环导致股价不断下跌，离场的人也就越来越多。

然而，当成交量越来越少的时候，经过长时间的换手整理，人们的持股成本也逐渐降低，这时候股价下跌的动力减弱，因为想离场的人已经离场了，余下的人即使股价再跌也不肯斩仓，于是，股价不再下跌，但这时候也没有什么人想买股票，大家心灰意冷，这种局面要持续相当长的一段时间，形成股价底部横盘的局面。

这种横盘要持续多久很难说，有时是几个月甚至几年，有时是几个星期，但这种横盘局面迟早会被打破，而盘面打破的特征就是股价开始小幅上扬，成交量开始放大，这一现象的实质是市场上出现了新的买入力量，打破了原有的平衡，因而股价开始上行。

事情发展总是循序渐进水到渠成的，当新的买入力量持续增强的时候，说明市场筑底成功，有向上发展的内在要求，才形成了圆底的右半部分，当股价在成交量放大的推动下向上突破时，这是一个难得的买入时机，因为圆底形成所耗时间长，所以在底部积累了较充足的动力，一旦向上突破，将会引起一段相当有力而持久的上涨行情，投资者这时必须果断，不要被当时虚弱的市场气氛给吓倒。

**在实战中，我们如果发现有突变情况，就可有针对性地操作了。具体方法是：**

（1）如果左半圆弧某一天出现快速下探情况，它很可能是诱空，是最后一跌，操作上，可见机在尾盘时参与一下。

（2）如果在圆弧上出现上穿动作，即可在高位卖出，突破很难的，它将会回落下来，底部持续放量助攻不大可能。

（3）股价回升运行到左边下跌位置附近时，可考虑见好就收。

## 二、案例及应用

### ➡ 实战案例一：一个圆弧形构成半静态半动态起势

下图是凤形股份（002760）2017年8月7日～9月27日日K线走势图。图中显示它是一只半静态半动态起势股票，其实在它左半部快速下跌时，暂时是无法判断它是半静态半动态起势股票的，因为它下跌比较快，途中的抵抗显得软弱无力，当它在底部下探次日止跌，并逐步回升上来时，基本上就可以判定它是半静态半动态起势股票了。

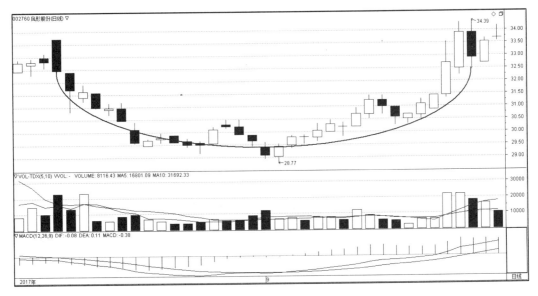

凤形股份（002760）2017年8月7日～9月27日日K线走势图

这只股票在图示的左半部无法操作，只能观察，当可以判断它的状态时，就能够有的放矢进行操作了。

一般半静态半动态起势圆弧形股票呈对称状态，左半部分快速回落到逐渐稳定，右半部分先小涨，再加大涨幅，成交量同样对应的是，左半部分从大到小，右半部分，从小到大，股价和成交量途中有所变化，不影响大趋势。

#### ➡ 实战案例二：两个圆弧组合变形

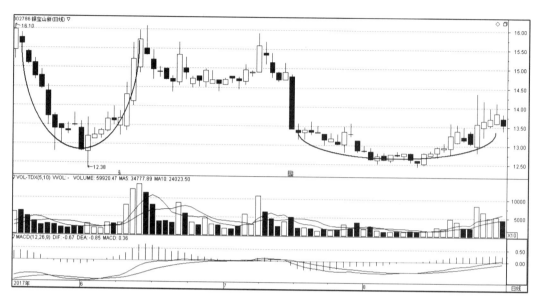

银宝山新（002786）2017 年 5 月 16 日～8 月 30 日日 K 线走势图

银宝山新近期出现了两次不同的半静态半动态起势，它刚开始下跌那段时间，是快速下跌，一般速度越快，转为静态的时间就越短。第二次半静态半动态起势就比较标准了，它运行的时间就比第一次长一些了。

另外，股价出现这种起势，一般成交量跟股价的形态也类似。

该股主力原本构筑圆弧底试盘，之后横盘整理，维持时间较长，但横盘末期，主力小拉升一下，又回落下来，给投资者一点希望，很快又浇灭投资者的希望，最狠的是最后竟然砸出一条大阴线。通过大跌进行洗盘，这对脆弱的投资者来说，是会感到惊恐的，坚持不了的投资者被迫交出底部筹码，主力再耐心磨底，又构筑一个圆弧底。

底部进入的机构主力，一般是从长计议，看得比较长远，也非常有耐心，它会推动股价小涨试盘，测试投资者的关注度和参与力量，也会洗盘，打压股价，让投资者绝望，逼迫投资者交出底部的筹码。脆弱的投资者经常有这样的感觉，熬不住底部的股票继续下跌，干脆彻底卖出离场休息。主力惯用这样的伎俩清洗浮筹，直到再也无人卖出，主力就可以很轻松拉升股票价格。

第三式 ▷ ● ◖

# 动态起势及实战

## 一、动态起势

股票在下跌末期，股价并没有平静下来，也会有多次触底反弹。

示意图一：

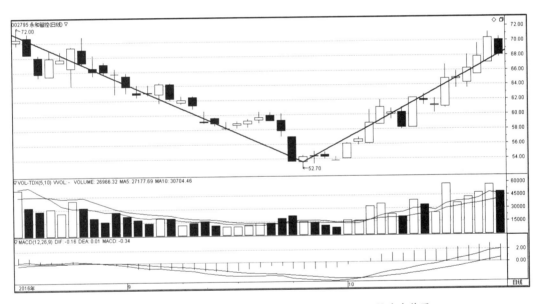

*永和智控（002795）2016年8月18日～10月28日日K线走势图*

上图显示，永和智控下跌后，触底反弹。

一般来说股价下跌快，反弹也快，最后时刻往往还会大跌，观察几日，看是否马上稳定下来，成交量是否萎缩到极致，如是，它很可能就会马上拉升。

观察这种股票，要特别小心，不可轻易下结论，如果它已下跌多日，就认为不会再跌了，就贸然参与进去，马上就会吃套的，不妨多观察一下，看到它大跌之后，缩量稳定了几日，开始反弹了，才可确定它是动态起势，此时再参与进去，才稳妥。

示意图二：

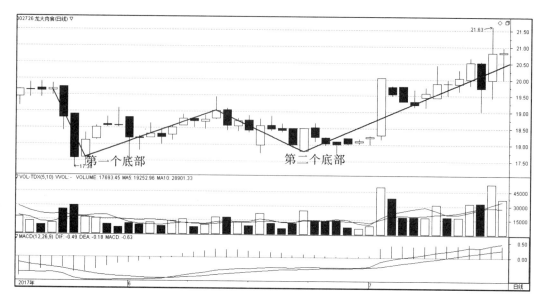

龙大肉食（002726）2017 年 5 月 16 日～7 月 19 日日 K 线走势图

龙大肉食股价下跌后，反弹了一下，不成功，又下跌，再次挣扎，成功脱离底部牢狱。

一般动态起势股票，到最后下跌劲头仍很强，反弹时，如无成交量的配合，也只是挣扎几下，还是会再跌下去的，当它跌到前面底部的那个位置时，会不甘心地挣扎，这次必须要积蓄力量，成交量要特别放大，才能把股价推上去，如成功，则脱离苦海。

对于这种动态起势股票，要特别小心，第一个底，其实是难以判断的。当它出现第二个底时，就需要用心了，看看它是否能反弹，刚开始反弹可以不用管，当它继续反弹时，可适当跟进，因为此时，它的底部基本探明。

## 二、案例及应用

### ➡ 实战案例一：左急跳右缓升

一般即使在底部，下跌劲头也会比较猛，而反弹就不一定了，会出现较为缓慢反弹的情况，这种情况就不能着急，它反弹几日，确定它是动态起势时，可参与进去（见下图）。

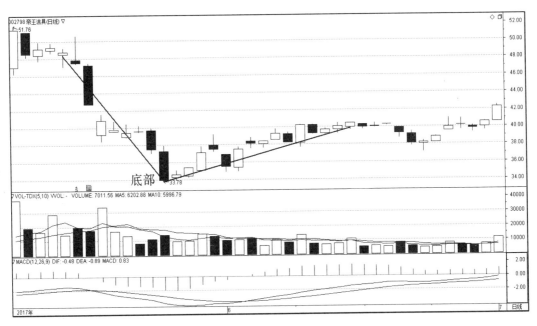

帝王洁具（002798）2017年5月5日～7月3日日K线走势图

⇒ **实战案例二：动起势组合**

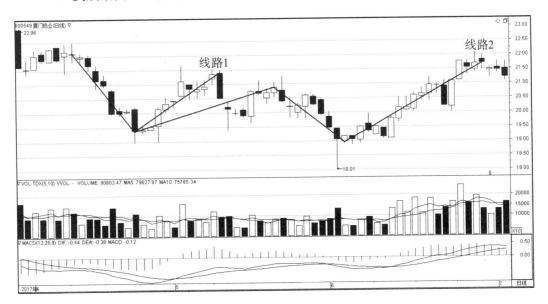

厦门钨业（600549）2017年3月30日～7月4日日K线走势图

观察此图可见，它是由两种动态起势形态组合的。线路1呈V字形，线路2呈W字形。线路1，给人的感觉是触底反弹成功，短时间内，这种想法是成立的，但时间放长一点来看，股价又回落下来，并没有强力改变命运，它又一次下跌到了前面的底部位置，甚至还更低一点，其中还有一次盘中快速大跌后，马上又收回来的情况。线路1动态起势不可靠，时间放长一点，线路2进行修正后，才是比较可靠的。

这张图有两重含义要明白：短时间内判断它是触底反弹动起势，参与后，如它不再继续反弹，而是走弱并回落下去，则要注意止损，因为此时你也不能判断它后面跌到前面位置是否会反弹，如果它继续下跌呢？

止损后，继续观察，如它跌到前面位置附近后开始反弹，观察几日，如成立，则可以再次参与进去。

## 第四式 ▷ ●●
# 再静态起势及实战

## 一、再静态起势

当一只股票经历了静态、半静态半动态、动态后，不能简单地就认定这只股票转危为安了，它还可能再次经历静态阶段，为下一个形态的转变做准备。再静态起势股票，是前述各种起势结束后，出现的静态起势股票。

如下图所示，大众交通经历了三次动态起势，下跌－回升－下跌－回升－下跌－回升，下跌幅度一次比一次小，最终回复到静态起势上去，即完成了它的一次起势循环。

再静态的操作方式，跟静态阶段同理。

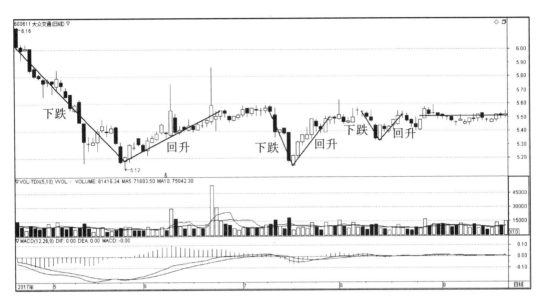

大众交通（600611）2017年4月19日～9月21日日K线走势图

## 二、案例及应用

### ➡ 实战案例一：小涨归于平静

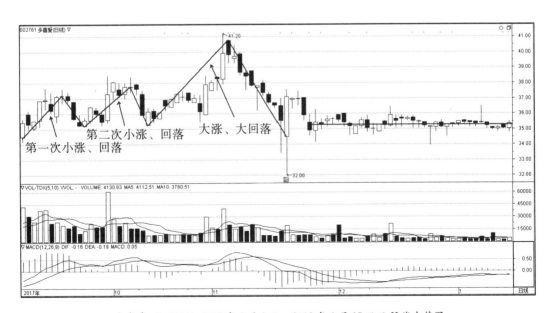

多喜爱（002761）2017年9月8日～2018年1月15日日K线走势图

上图所示多喜爱股价从底部开始有所上涨，它经历了两次小涨和回落，一次大涨又回落，最终归于平静。

一般从底部起来的股票，都会经历一些小涨、小回，也会尝试进行拉升看看市场反应，因其本身一直处于底部，要想挣脱底部的束缚需要主力有强大的实力，市场上出现更多的形态是小涨、小回，再回到静态状态，为下一次的起势积蓄能量。

### ➡ 实战案例二：大跌后平静

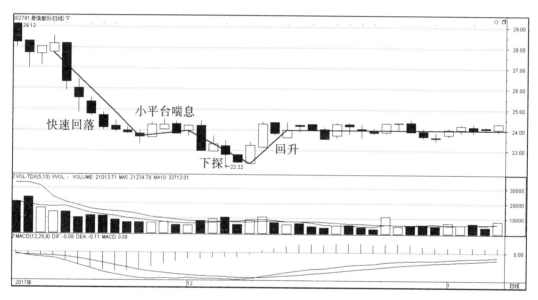

奇信股份（002781）2017年11月13日～2018年1月8日日K线走势图

如图所示，奇信股份的股价从高位快速回落下来，在一个小平台短暂喘息后，再一次下探，之后，股价回升到前面小平台位置，平静下来。

股票从高位下跌终有尽头，在尽头处，股价折腾力度呈衰竭递减状态，该卖出的基本都卖出了，这样的弱势，也没有什么人想参与，于是，股价维持在一个平台位置整理，处于一个再静态状态。

**起势招实操答疑**

1. 本招所述底部中的股票，似乎参与价值不大，要么长期横盘整理，要么只是小涨一点又归于平静，没有上涨趋势，或马上大涨的机会，有意义吗？

答：本招找出的股票确实没有什么大机会，不过不要忘记了，股票的上涨都是从底部磨炼出来的。分析静态状态中的股票，可以让我们清楚地知道现阶段股票的属性，把握它的运行规律。在本阶段的股票，都是从高位回落下来的，基本上属于跌无可跌，无人关注，成交量稀少，股价波动起伏不大。想长期投资的投资者，可以从中耐心寻找值得潜伏的个股，一些谨慎稳健的投资者，可以在这些股票中发现局部的小机会，也会有收获，积少成多，也是不错的。

2. 为什么很多底部中的股票，对市场上的一些利好消息完全没有反应？怎样寻找有参与价值的个股？

答：指数连续下跌，是市场非常脆弱的时候，此时不利消息甚多，一有风吹草动，指数再下一城，整数心理关口一破再破，当指数下跌接近尾声时，市场上的利好消息开始出现，指数会逐渐稳定下来，但绝大部分投资者已心灰意冷，远离市场冷眼旁观，也就没有什么力量激起股价的反应，反映为成交量上极度稀少。

随着利好消息的增多，指数止跌翻红，总有部分个股开始发生反应，一般权重蓝筹板块先稳定下来，不再阴跌，各板块之间存在轮动表现的机会，引起市场关注；其次跌幅相对小的绩优题材股反弹力度较大；有利好消息刺激的题材股短暂反弹。

总的，应以谨慎为主，权重蓝筹股可配置一部分，跌幅小的绩优题材股配置一部分。而对于利好刺激的个股，因事先不好确定，等利好消息明朗后，股价会急速上拉，投资者参与的话，只能追涨，这类股票短暂表现后，很可能又快速回落，投资者难以把握，故不建议参与这类股票。

另外一些个股，无论大盘和板块怎么表现，始终横盘在底部，投资者可长期关注其基本面情况、业绩变化、行业消息，结合技术分析，在其各方面发生好的变化时，以长线思维参与，以时间换空间，在机构主力磨掉广大投资者的耐心时，股价或不显山露水就慢慢爬升起来了。

### 小　结

起势状态的股票波澜不惊，没有气势如虹的大涨，也没有惊心动魄的大跌，股价只是在底部区域长期整理。

不过沸水总是从常温状态开始升温的，平静的水面将随着时间的推移而沸腾起来，因此作为证券市场的投资者，一定得了解和知道平静的水面是怎样形成的、温度的升降变化会对平静的水面产生什么影响。

绝大多数投资者都会忽略它的存在，这恰恰是投资者最需要补课的地方，投资，一定要沉得住气静得下心，不急躁，因为投资是一项长期的事业，耐心地在底部参透个股，进行长期持续跟踪，一定会有较好收获的。

判断一只股票是否属于真实底部在本章至关重要，本招即是基于底部形态的股票进行分析。

如果是真实的底部，我们在此阶段研究它的各种形态，既可以把握它的局部机会，也可以寻找它的长期机会，即便选择把握时机有误，也不至于犯太大的错误，持股为主，后期盈利仍是可期的。但如果判断错误，把下跌过程中的短期底部误以为是真实底部，后期仍有做空能量，则股票还会再度持续下跌，一旦发现判断错误，应马上离场，运用其他招式应对，本招式不再适用。

一般而言，一只个股股价跌破其最高价位的50%以上，并且横盘整理了较长时间，在此期间，成交量极度萎缩，股性萎靡不振，就不属于市场热点题材，无论从做空或者做多的角度来看，都乏人问津，此为底部区域较为真实。

那种跌幅在20%附近就企稳的品种，可能是短期的调整底部，还没有跌透，空方能量还没有充分释放，还可能绵绵下跌。

如果前期跌幅过大，底部形成后，或早或迟，一般会出现一定的反弹，存有局部机会，但如果前期的跌幅较小，往往其阶段性的底部仅仅是横盘走势，之后还会再度走低。

## 第二招
# 懒扎衣：随性而起，择股出击

2007

2010

2013

**懒**扎衣，从名字上就形象地表达了这个招式的姿势形态，即把长服扎起来，束于腰间。此后，迈步踢腿，右拳横举向后，目视左前方，虚怀沉气直入涌泉，右手做"请"状。

其动作有三方面的含义，一是对敌手的蔑视，不屑大动干戈，做多余的临战准备，仅随手把长服扎起来，就可以从容应对；二是显示临战不慌，心态平和，因为在长期的太极拳修炼活动中，早已练就了一身随机应变的本领，哪里还用得着做那些繁杂的准备；三是艺高人胆大，本身就足够强大，还用得着宽衣解带活动筋骨准备？自信信手就可制敌。

股票生命周期经过了原点起势，股票开始渐渐变得有了活力，懒扎衣时期的股票属于底部向上渐变期，预示着较为明确的上涨。

经历了起势阶段的股票后，就将进入一个起涨萌动阶段，这是对前期耐心潜伏最好的回馈，可以开始听得见花开的声音。本阶段需要沉住气，别被长久的等待消磨了耐心。

股票懒扎衣的运动形态大致有：箱体拔高、触底反弹、弹升回档再起、突破长期盘整爬升、突破颈线、突破三角形整理。

下面分别讲解招式。

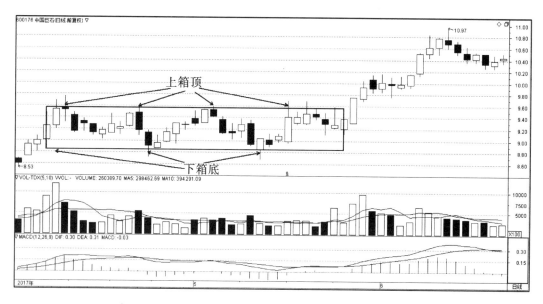

第一式

# 箱体突破及实战

## 一、箱体突破

在一段横盘震荡期间，股价形成的高点和低点，总是无法突破，股价一接触到高点便回落，跌到低点便反弹，于是在这个区间便构筑成一个箱体，股价总是在这个箱体运行，直到某天向上突破后，箱体便成为底部，被踩在脚下。

箱体是在股价横盘震荡了一段时间，高点和低点的位置相对一致时才形成的，箱体里的高点和低点便约束了股价的活动范围，但突破之后，往往会有一段不错的涨幅。

示意图：

中国巨石（600176）2017年3月31日～6月21日日K线走势图

该图是一个典型的箱体突破的示意图，该股票前面宽幅震荡横盘了一个多月，形成四个上箱顶，三个下箱底，最后带量突破成功。我们得注意一下，它在形成三次下箱底时，每次盘中跌幅都比较大，但收盘时，都收出了一根长长的下影线，说明主力在护盘，而四个上箱顶呢，也出现了上影线，此时，主力并不想突破，而是打压，直到最后在一个小平台上一举放量突破，走上康庄大道。

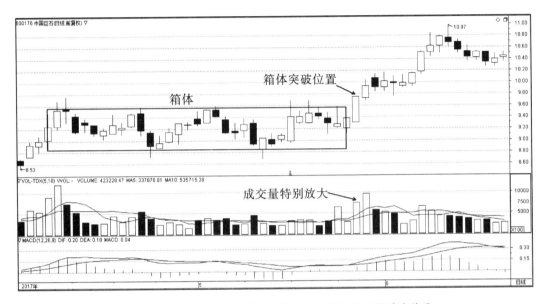

中国巨石（600176）2017 年 3 月 31 日～6 月 21 日日 K 线走势图

**箱体突破的时候主要有三个特征**

（1）股价必须是实体大阳线，并且必须超过前期所有高点构成的箱顶；

（2）它的成交量必须特别大，并且次日的成交量继续明显放大；

（3）股价带量突破后，股价、成交量不一定持续大涨和放大量，但至少在成交量快速萎缩时，它的股价还能稳定，不能回落到箱体里去。（见上图）

总之，一只股票在箱体里运行一段时间后，股价不再宽幅震荡，虽然可能留下一些较长上、下影线，但股价、成交量会分别出现实体大阳线和巨大成交量，并不再走回头路。

在箱体形成后，可见机适当参与，当突破得到确认后，可再加仓参与。这与起势阶段的股票相比，省去了守株待兔的时间。

短中长线形成的箱体，运用方法与原理是相通的。具体实战中的操作方式为，设定好箱体的压力、支撑后，就可以在箱体内短线操作，不断来回进出，从中赚取差价，然后随时留意箱体的变化，并比对箱体的上、下两个位置。支撑与压力会互换，行情往上突破，当初的压力就变支撑，行情往下跌破，当初箱体的底部支撑就变成后期股价的压力。当箱体发生变化之后，投资人必须在新的箱体被确认后，才可以在新的箱体之内短线操作。

## 二、案例及应用

### ➡ 实战案例一：小阳轻量突破箱体

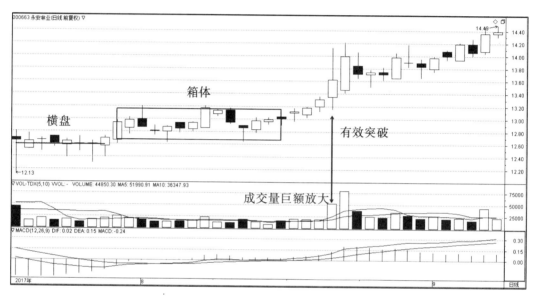

永安林业（000663）2017年7月18日～9月8日日K线走势图

如图所示，经历了短期的横盘后，永安林业股价上了一个台阶，构筑了一个箱体，然后有两个交易日悄悄突破箱体，之后放量大涨。

◎箱体突破注意事项

突破箱体时，成交量并没有骤然放大，仍然跟往常差不多，也没有大阳线，难以对后市下结论，直到第三个交易日才确定真正有效突破。

一般运行在箱体里的股票，成交量都是极度萎缩的，在上箱顶和下箱底的成交量也不会有特别明显的放大。

有的股票突破箱体时，主力会一举拉升，形成长阳线和巨额成交量，显得迫不及待，当时会很容易发现此为箱体拔高形态，敏感的投资者可及时跟进，捕获不错的短线收益。

而有的股票，股价刚开始突破上箱顶时，为温和上涨小阳线，成交量可能也不是有特别放大，与前期相比不会太明显，容易让人忽略。只有当股价真正挣脱箱体的束缚时，主力趁人不备发力一举拉升，成交量将巨额放大，主力这种行为或将维持两天，等引起市场更多人关注和参与时，主力或暂停拉升，股价进入震荡，成交量又会萎缩下来，休息一段时间后，主力再作为，股价上行，成交量放大。

◎实战操作意义

成交量没有特别放大之前，有可能是假突破，股价有可能回落到箱体里去。但应特别留意，要密切关注它的走势，一旦发现拉升并伴随成交量的巨额放大，即可顺势而为搭上便车，后期股价或将震荡或持续拉升。

➡ **实战案例二：大箱体套小箱体**

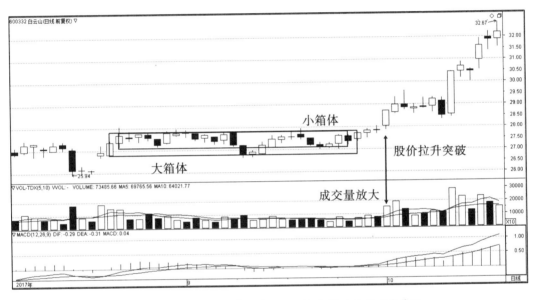

白云山（600332）2017年8月8日～10月25日日K线走势图

白云山的走势在形成箱体前，有一次大跌实体大阴线，但第二天就止跌企稳了，第三天即收复失地，然后构筑了一个箱体。这个箱体里面还构筑了一个小箱体，突破箱体的前一天，股价是一个十字星，有变盘意味，果然，次日即放量大涨。

◎实战操作意义

在一个较长的时间范围内，可能会出现大箱体套小箱体，大箱体为宽幅震荡，里面有若干小波段。在大箱体里面，一些窄幅震荡的区间，又可划分为小箱体，当股价到了大箱体的上箱顶的时候，需要密切注意，如果出现十字星，次日股价快速拉升，成交量急剧放大时，则可积极介入。

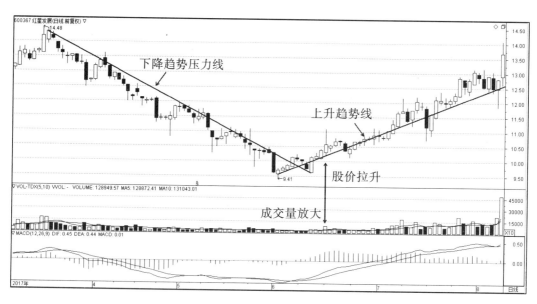

---

## 第二式

# 触底反弹及实战

---

### 一、触底反弹

一只股票处于长期的下跌中，当再也没有力量下跌，且成交量极度萎缩时，即有可能会反弹，就像一只橡胶球，落地后形成反弹，它的反弹必须伴随有成交量的逐步放大，这样才有力度。这种股票反弹形态如 V 形，股价沿着一条斜线缓慢下跌，到了底部后，又沿着一条斜线缓慢上行，上行过程中，成交量明显放大，这种类型的股票，在底部阶段没有整理期，而是直接反弹，反弹的过程，是温和上行的。

示意图：

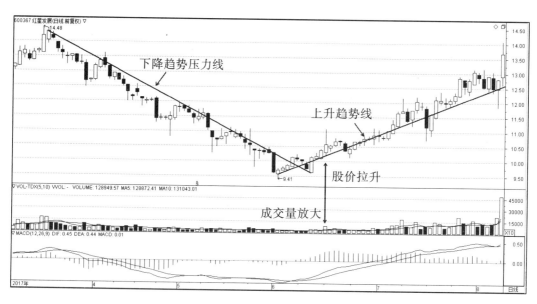

红星发展（600367）2017 年 3 月 9 日～8 月 8 日日 K 线走势图

红星发展经过长时间的大幅下跌，形成了一条长期下降趋势压力线，股价被压制，一时难以摆脱这条下降趋势压力线的束缚。

这只股票再一次无量大跌，之后有了一次回升，但并没延续反弹，而是又一次小跌，再形成一次有力的大幅拉升，并连续小阳线上行，此时成交量开始逐步一点一点放大，小阳线伴随大阳线，形成反弹，开始收复失地。

这只股票股价经过大幅下跌后，股价严重超跌，随着大势止跌开始转好，该股股价出现止跌迹象。随后的几天，在盘面看到成交量开始放大，股价止跌有回升迹象，说明有股较大的买入力量，开始吸纳股票，由于股价长时间下跌，卖方力量极弱，这一股买入力量很快将股价拉高到一定的价位，股价重心不断上移，在上图我们可以看到股价呈 V 形反转形态。由于大量买盘的介入，成交也开始活跃，成交量伴随股价的不断上涨开始放大，这说明有较强的买盘接手了所有抛盘。

这种 K 线形态的形成通常与个股的基本面变化和大的政策导向有关。主力为了达到快速吸筹的目的，会突然进场拉高股价，接手大量抛盘，形成超跌反弹的 V 形底，股价一旦反转上涨，涨速较快，普通投资者通常来不及介入，在犹豫不决之际股价已有较大涨幅。

**怎样判断触底反弹**

首先，需要判断左侧有一条长期下降趋势压力线，时间越长越有效，该股票有近三个月的时间；其次，股价运行到最后，成交量极度萎缩，股价还有可能大跌一下，这时，就有可能是它的最后一跌。不过，此时，也别急于下结论，需再观察，股价温和上涨之后，有可能再回落下去，经过短时间的小震荡后，如发现股价开始慢慢小阳线持续回升，且逐步距离下降趋势压力线越来越远时，基本就可判断它触底反弹了。

**触底反弹的实际价值**

可以在底部区域介入，一般反弹会有一定高度，不是短时间就会结束的，可坚定信心，耐心持有一段时间，会有较好的回报。

注意在反弹的过程中，会有某天拉升或者打压的情况出现，但股价很快又会回到其上升趋势线上。

二、案例及应用

➡ **实战案例一：多条下降趋势压力线**

下图有两条下降趋势压力线，当第一条下降趋势压力线出现时，我们可继续观察，它在不长的时间里出现了一次反弹，就改变了下降趋势压力线的方向，继续观察，时间长一些，第二条下降趋势压力线形成更可靠。

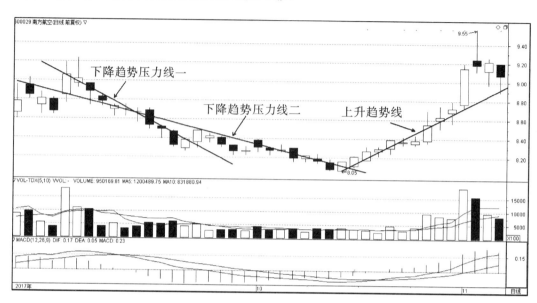

南方航空（600029）2017年9月4日～11月6日日K线走势图

当第二条下降趋势压力线到最后开始出现反弹时，小阳线是接连出现，并脱离了第二条下降趋势压力线，一段时间后就出现了第三条上升趋势支撑线，同时伴随成交量的逐步放大。

◎实战操作意义

短时间内形成的下降趋势压力线不一定可靠，时间要放长一点观察，当再次出现一条变缓的下降趋势压力线，并且时间比第一次更长时，第二条下降趋势压力线就可以确定了。

当出现脱离第二条下降趋势压力线的连续小阳线时，基本就可确认上升趋势通道形成，此时，即可介入，坐等后面逐步加快的上涨，若伴随成交量的明显放大更有效。

两条下降趋势压力线，第一条较陡，第二条较缓，反映了触底反弹的重要形态。这两条下降趋势压力线反映了投资者的心态，从刚开始下跌时的惊慌，卖出者较多，到下跌一定幅度后，脆弱的投资者已先出局，留下来的，基本上是麻木的或者坚定的投资者了，股价下跌速度明显慢下来，成交量也严重萎缩。

主力得知投资者的心态，在底部区域吸筹变得比较缓慢。一般反弹趋势线先缓后急，为了隐藏意图，在反弹初期，主力缓慢推升，通过控制股价涨幅和成交量来掩人耳目，当股价涨到一定程度时，会引起投资者的注意，此时，主力即选择快速拉升上涨，不留更多时间给投资者观察反应，一些投资者可能在仓促的情况下贸然追涨，主力通过震仓，很容易吓出这部分心态不稳的投资者。

其实，当我们发现股价已初步处于上升趋势线上时，即可先期小资金参与，不必等到主力开始拉升时才仓促追进。

➡ **实战案例二：底部构筑小平台**

万东医疗（600055）2017年7月19日～8月28日日K线走势图

上图显示，万东医疗下降趋势压力释放后，在底部构筑了一个小平台，时间很短暂，然后突破平台，连续小阳线，间隔大阳线，成交量也随之放大，形成反弹趋势。

在下降趋势压力线结束之后，先观察几天，看看是否出现连续的小阳线，本案例没有发生这样的情况，它只是构筑了一个小平台，这个平台结束之后，才出现连续的小阳线。

我们可以把小平台视为下降趋势压力线的延续，平移了几天，当连续小阳线出现时，大致就可以判断出触底反弹开始。此时介入，胜算较大。

一条下降趋势压力线加一条直线平台，然后是一条上升趋势线，这是触底反弹形态的又一变形，一般直线平台都不会过长，否则就不是触底反弹形态，而是底部横盘形态了，这是需要注意鉴别的。

## 第三式

# 弹升回档再起及实战

### 一、弹升回档再起

底部区域的股票经历较长时间的横盘整理，形成一个箱体形态，在箱体的末尾，股价下探突破下箱底，以较短的时间砸出一个 V 形底或 U 形底，股价回升到前面箱体位置，又在短时间里形成一个箱体，股价向上突破上箱顶，且伴随成交量持续放大，股价将迎来一波快速上涨。

**1. 股票弹升回档再起特征**

（1）底部横盘整理的股票时间较长，形成一个箱体格局；

（2）股价必须要突破下箱底的支撑，让人不再对该股抱有希望；

（3）快速下跌后，很快企稳，慢慢回升；

（4）再次形成一个小箱体；

（5）股价快速拉升突破小箱体顶部，成交量必须同步持续放大。

示意图：

下图左，科达洁能在较长时间上下震荡，经历了六次大小不一的波段整理，构成了一个箱体，最后股价击穿下箱底的支撑，快速下跌，但很快企稳，然后，股价慢慢修复上行，上涨到与左边箱体位置时，又出现震荡，在短时间里形成一个小箱体，在小箱体的末尾，股价快速拉升突破上箱顶，把前期的套牢盘解放，成交量也持续放大。

**2. 如何判断股票弹升回档再起**

首先，必须是股票下跌后，股价触底回升到了前期成交密集区位置；其次，股价回档时间要短，成交量要有放大；最后，股价再起快速拉升时，成交量必须特别大。

**3. 股票弹升回档再起的市场意义**

在下图第二个方框位置，密切关注量价关系变化，如成交量逐步放大，股价短暂回档后，有上冲动能时，可果断参与，享受后面快速拉升成果，实现短平快收益，简言之，回档即是买点，不过此方法具有较大的投机性。

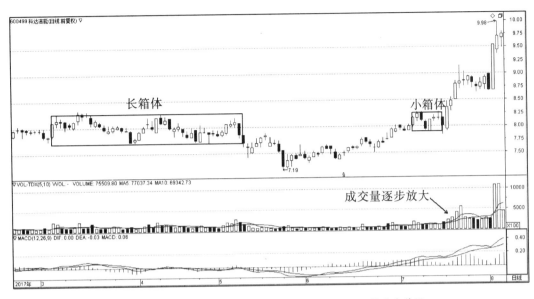

科达洁能（600499）2017 年 2 月 21 日～8 月 4 日日 K 线走势图

## 二、案例及应用

➡ **实战案例一：一次回档再起**

下图显示，中源协和在大箱体期间，股价震荡幅度不大，很匀称，跌破大箱体一

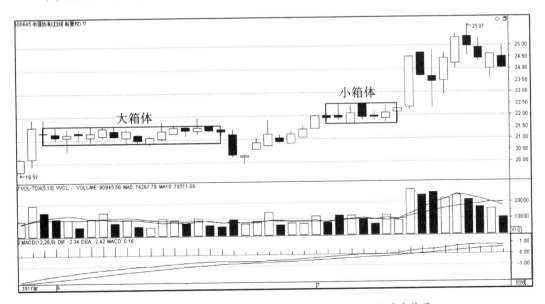

中源协和（600645）2017 年 5 月 25 日～7 月 25 日日 K 线走势图

日大跌完成，马上V形反转，以缓慢的形式上涨，反弹略高过大箱体位置，主力又构筑了一个小平台，暂时停顿，突破小箱体放量涨停，但随后两日出现回落和上下震荡，这是主力强力洗盘，洗盘完成后，主力接着上攻。

◎实战操作意义

如果底部中的股票出现大阳线后，在较长时间里形成了一个震荡幅度不大的平台，然后某一天又大跌打破大箱体底部，便很快止跌企稳，形成V形反弹，在右边构筑一个小平台，即可判断该股为弹升回档再起形态，在小箱体较低位置适时参与，等待即将到来的突破上行。

➡ **实战案例二：短暂回探拉升**

下图左边方框为持续近两个月时间的箱体，箱体里面有四次明显的波浪震荡，在箱体末端，股价突破箱体底部支撑走出一个U形底，股价回升到前面箱体位置时，又形成一个小箱体，在小箱体里面股价经历一次回落后，即快速拉升突破上箱顶，从此以后，股价越走越高，再也没有回落下来。

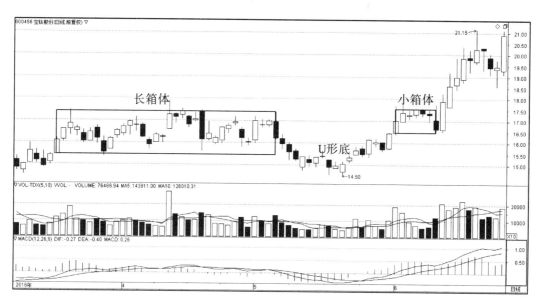

宝钛股份（600456）2016年3月10日～6月27日日K线走势图

◎实战操作意义

股票弹升回档再起形态前、后箱体有可操作的机会。

股票弹升回档再起形态，将会产生一个长箱体、一个短箱体，在长箱体有多次波浪形态，我们可利用其波峰、浪谷的机会，卖出、买入，赚取差价；在小箱体，可能只形成一次波峰、浪谷，在浪谷位置，要敢于参与进去，坐等股价拉升突破上箱顶，获取收益。

前期形成了长箱体，又出现了较小的 V 形或 U 形底，股价接着在右边又形成小箱体，即可判断该股形态，在小箱体里面的股价回落下来时，果断参与进去，将会分享到股价即将拉升的快乐。

## 第四式 ◼●●

# 突破长期盘整爬升及实战

## 一、股价突破长期盘整爬升

一只股票长期横盘整理，股价短暂小幅回落之后，又慢慢回升，这一时期的成交量都是极度萎缩的，从成交量上是无法判断主力动作的，只有当股价上涨到了前面的高点，且越往上，突破前高时，成交量会在各个突破点位置明显放大，并且越往上，成交量越大，最后股价快速拉升，成交量持续巨额放大。

该形态最大的特征就是，股价在长期横盘整理中没有什么变化，没有惊心动魄的拉升和跳水，成交量上也没有突然放大，股价更多的时候是画心电图，成交量极度萎缩，经过很长时间横盘后，才慢慢有所上涨，直到需要突破前期一个个高点时，股价才开始进行拉升，成交量也配合持续放大。

示意图：

股价突破长期盘整爬升形态，特别适合长线投资者，只要有足够的耐心，选好基本面较好的个股长期持有，将会有较大收益。

下图显示，宁波中百经过近两个月的盘整，在准备上涨前，股价跌破多条短期、中期均线，不过次日股价低开即止跌回升，随后的交易日里，股价稳步上行，在此过程中，成交量仍是萎缩状态，直到股价越涨越高，达到前期的股价高点时，成交量才开始明显放大，在后期，出现跳空高开涨停，成交量巨额放大，股价进入拉升阶段。

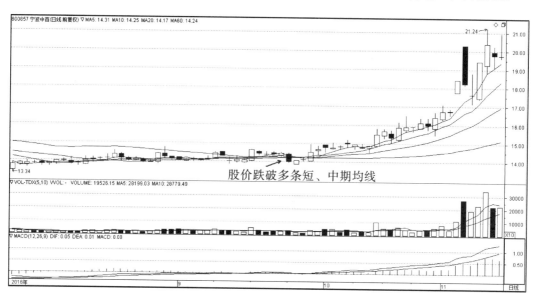

宁波中百（600857）2016 年 8 月 1 日～11 月 11 日日 K 线走势图

这种类型的股票，需要长期守候，它的变盘不明显，而是温和式地改变股价长期盘整的局面，很容易让人遗忘，当时间较长，回过头来看时，股价涨幅已经很大了，应了这样一句话：坚持必有厚报。

## 二、案例及应用

### ➡ 实战案例一：盘整时间越长涨幅越大

下图所示，煌上煌在两个月的横盘期间，有一次上冲动作，成交量明显放大，但随后又马上下跌，并出现一个跳空缺口，打破了横盘，不过很快就企稳，短时间盘整后回升，以连续小阳线的形式，慢慢突破前期高点，成交量却未放大，让人不知不觉。当股价越来越高甚至出现了一个一字涨停板，次日投资者才开始疯狂追击，此时成交量才开始巨额放大，股价在强大的买盘推动下，连续上涨，这时，却是主力退出的时候了，成交量因此逐渐减少。

该股在横盘整理中，有一次假上升，在打破平衡下跌之前，股价突破前面的一个小高点，成交量也明显放大，但随后回落下跌，并打破横盘股价平均线，宣告这个突破失效。

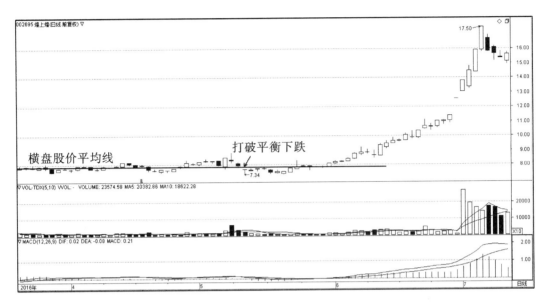

煌上煌（002695）2016 年 3 月 22 日～7 月 18 日日 K 线走势图

其实假突破和打破平衡下跌，是主力的一种试盘行为，为主力即将炒作做准备。

◎实战操作

当出现连续小阳线，越来越远离横盘股价平均线时，即可考虑参与，一般长期处于底部中的股票，主力进驻的话，都是意在长远的，它的上涨，是以非常温和的形式呈现，成交量略有增加，让人不知不觉。

因此，只要股价在均线大幅跌下去之后又涨上来，再次超过横盘股价平均线，并突破前期高点时，可积极参与，持股较长时间，直到快速拉升进入尾声时退出，或有较大的获利空间。

➡ **实战案例二：起伏盘整后爬升**

下图所示，木林森在长期横盘整理过程中，围绕均线上下波动，涨多了，回落，跌多了，回升。

该股的上涨是以小阳线缓慢爬升的，成交量温和放大，逐步突破前期高点，越涨越高，结束该股长期横盘格局。

◎实战操作意义

这种形态的个股，当它盘整的时间足够长，进入尾声后，它的成交量会逐步增大，连续阳线，突破前期盘整高点后，再观察两天，如仍是阳线，即可参与。

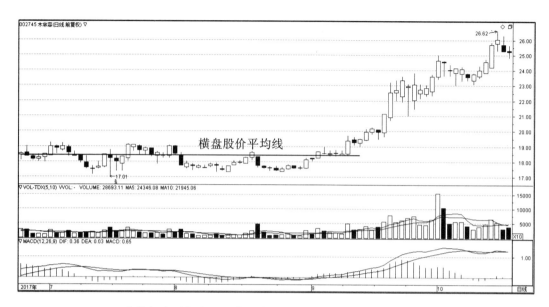

木林森（002745）2017年6月26日～10月25日日K线走势图

**需要注意的是，一般股票盘整时间需两个月以上，越长越有效。**

盘局和箱体运行时的区别是：前者波动幅度较小，后者波动幅度较大。

# 突破颈线及实战

## 一、突破颈线

股价快速下跌到末端，出现短暂反弹又跌回前面低点位置，然后再反弹，并超过前面反弹高点位置，从此点画一水平直线即为颈线，突破颈线意味着突破阻力，同时需配合成交量放大，股价可看高一线。

颈线常伴随左肩、右肩，呈对称状，股市中常见的有双底、头肩底、多重底等形态，可画一条颈线，判断阻力位、支撑位。

示意图：

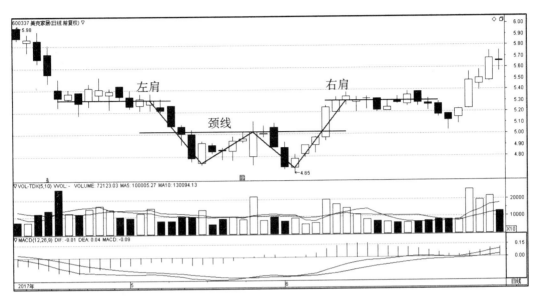

美克家居（600337）2017 年 4 月 14 日～6 月 30 日日 K 线走势图

美克家居在底部构筑了一个 W 底形态，反弹时突破了颈线，不过反弹高度不大，主要是左肩有压制，突破左肩必须放量，主力需要消化左肩套牢盘的抛压，一般情况下，主力会在左肩位置，在右边构筑一个平台，形成右肩，与左肩达成平衡，时间长度相近，在末端小幅打压一下试盘，再发力拉升，伴随成交量持续放大，上涨趋势形成。

◎实际操作意义

当股价向上站稳在颈线上方时，则意味着股价基本上稳定下来。不过期望别太高，涨幅不一定有多大，只是有一定短线机会，适合激进投资者参与。

## 二、案例及应用

### ➡ 实战案例一：多重底

股票的底部形态有可能是两个以上的底，确定颈线位置有一定难度，可从反弹中更高的点设置颈线，这样更稳妥和有效。当股价突破颈线位置，如伴随成交量明显放大，可适时参与。（见下图）

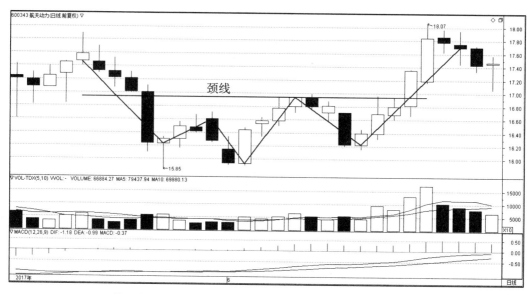

航天动力（600343）2017年5月11日～6月23日日K线走势图

◎实战操作

个股的底部形态比较复杂，当出现多重底时，可耐心观察，在多个反弹高点位置找出最高点画出颈线，当股价超过颈线，成交量明显增大时，参与机会出现。

此种方法要求投资者对技术分析很熟练。

➡ **实战案例二：双重底**

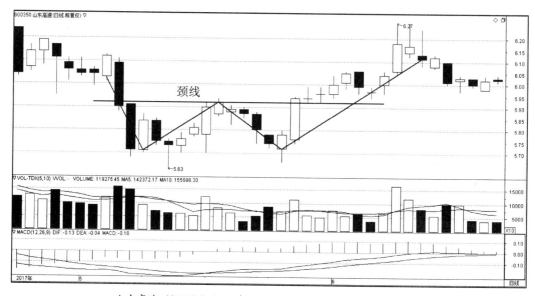

山东高速（600350）2017年4月24日～6月20日日K线走势图

上图显示山东高速的双底在很短的时间内形成，尤其是第二个底形成后，次日大涨，即确立了双底形态，当然这也不是当天就能确定的，还需要观察几日，不过继续观察时，股价又慢慢上去了，当确定好颈线再参与时，往往机会已不大了。

◎实战操作意义

双底的形态可能比较对称，如快速下跌到底部反弹，反弹回落下来后，又快速上涨，W底快速形成，在股价超过颈线位置时，参与进去，可以获得股价继续反弹的收益。

本方法，只适合技术熟练的敏感激进型投资者使用。

## 第六式

# 突破三角形整理及实战

### 一、突破三角形整理

从底部上涨起来的股票，在一个台阶反复震荡一段时间后，出现一次下跌，形成一个小的收敛三角形整理走势，在末端，股价上冲，成交量放大，突破前期高点，此为突破三角形整理形态，通常这种情况的涨幅都很可观。

示意图：

如下图所示，富安娜股价在底部启动，涨上一个台阶后，横盘震荡了一段时间，然后短暂下跌，再慢慢连续上涨，到最后拉升，成交量也随之放大。该股突破前期高点后，有短暂停顿，成交量极度萎缩，之后突然放大量拉升，至此，它的上升形态确立无误。

◎实战操作意义

当三角形整理结束时，即可考虑参与。继续观察，它有可能连续拉升，也有可能短暂缩量停顿，之后再拉，从稳妥的角度考虑，在三角形整理结束拉升时有短暂停顿时介入比较好，如没有出现短暂停顿，而是连续放量拉升，可当机立断参与。

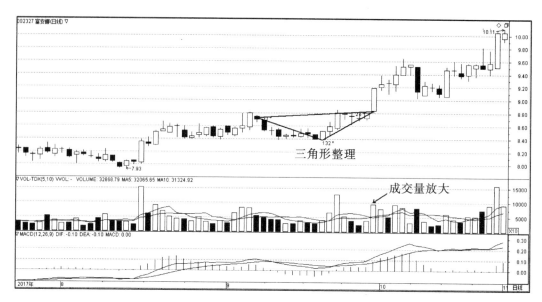

富安娜（002327）2017 年 7 月 24 日～11 月 1 日日 K 线走势图

三角形整理处，是较为难得的上车机会，并获利较为丰厚。

## 二、案例及应用

### ➡ 实战案例一：小三角形整理快速突破

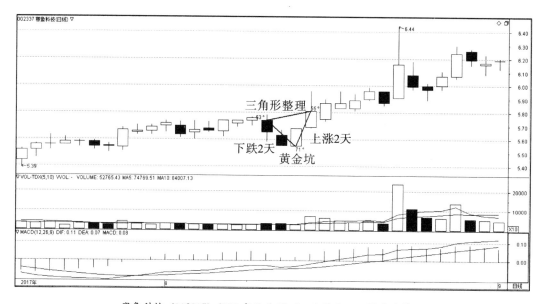

赛象科技（002337）2017 年 7 月 18 日～9 月 1 日日 K 线走势图

从上图可见，赛象科技的三角形整理突破所需时间非常短暂，下跌2天，上涨2天即告完成。小三角形位置为黄金坑，不过这需要随后几日股价上行来验证，谨慎者切不可在三角形位置急于参与，还是观察几日再决断比较好。

当看到三角形整理突破时，如后面连续阳线，并且成交量在放大，基本就可判断三角形整理结束，此时即可大胆参与。

**判断三角形整理突破的条件：**

（1）刚从底部起来，且涨幅不大的；

（2）构筑了一个不长的平台；

（3）三角形整理时间不长。

◎实战操作意义

此战法花费时间不太多，三角形整理形态都比较短暂，未来它的涨幅可观。

➡ **实战案例二：三角形整理缓慢突破**

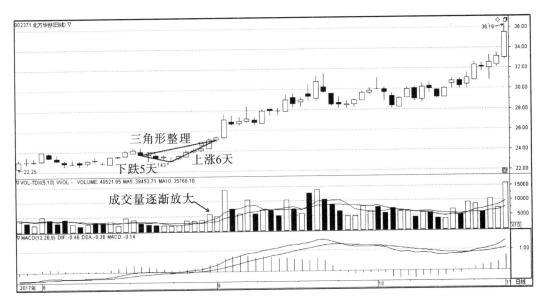

北方华创（002371）2017年7月27日～11月1日日K线走势图

如上图所示，北方华创的三角形整理时间稍微长，下跌5天，上涨6天，成交量逐步放大。

一般三角形形成时间较长的股票，上涨速度也比较慢，需要耐心等待，时间越长，累积涨幅越大，到后面，上涨速度将加快，收获可观。

◎实战操作意义

三角形整理前，股价呈不规则形态，但必须是从底部缓慢涨上来的，三角形整理时间可以稍微长一点，成交量随小阳线缓慢放大，三角形上涨 K 线应是连续阳线，突破前期高点后不一定非得大阳线，小阳线温和上行也可。

## 三、实操答疑

1. 感觉颈线突破有短线机会，但实际形态比较复杂，如何把握呢？

答：颈线有多种形态，有双底、头肩底、多重底等形态，由于形态较多，在实际应用中，形态的形成只有到了结尾，才能做出比较准确的判断，在形态没有形成之前，提早妄下结论，很可能会犯错，这样就影响实际操作，不能得到想要的结果。

抓住颈线短线机会，关键是要准确判断其形态，因形态较多，不可过早妄下结论，必须等待形态基本上形成时，才可较准确地按照其形态的理论操作。但是，当形态真正形成时，往往股价又走到了尾声。因此，寻找颈线短线机会的投资者，必须是技术分析能力较强、行动果断的激进投资者，一般投资者慎入。

2. 触底反弹、突破颈线形态有何异同？

答：触底反弹股票一路下跌到底部即触底反弹，反弹的高度比较大，有的股票是怎么跌下来的，就怎么反弹上去，形态呈 V 形。

突破颈线形态股票是股价下跌到底后反弹，反弹高度不大，然后又跌下来，跌到前面底部位置便触底反弹，这次反弹高度超过前面高点，典型形态是 W 形。

在实际运用中，触底反弹形态不能在触底反弹时就确定，后续走势有可能演变成突破颈线形态，从 V 形变成 W 形，这是需要注意的。

## 小　结

本招分析了箱体突破、触底反弹、弹升回档再起、突破长期盘整爬升、突破颈线、突破三角形整理这样几个形态，对于投资者而言，需要注意选择适合自己投资习惯的形态。

上述这几种形态，变化不是很复杂，如判断准确，可看长远，耐心等待股价缓慢爬升，慢涨小回，在后期，将会呈拉升状态，时间越长，获利越丰厚，也有的主力拉升速度较快，很快实现股价的大幅上涨。结合成交量来分析，如刚开始成交量没有什么变化，说明主力很有耐心，不急于投入过多资金拉升，只用少部分资金让股价有所涨就好，意在长远，后期主力将投入越来越多的资金拉升，吸引更多的投资者进场，自己借机出逃。

长线股票会经历比较长的横盘整理、箱体震荡等走势，也会出现一些弹升回档再起的形态，慢慢爬升后，途中还可能出现小三角形形态，股价在长期的运行中，会出现一些细微的变化，但总体向上的趋势是不会变的，这需要用足够长的时间来观察，因此，对于长线股票，投资者要有足够的耐心和定力，不会随市场的风吹草动而惊慌失措，也不会因其他股票的涨跌而浮躁不安，而咬定既选股票不放松。

对于触底反弹、突破颈线形态，变化较快、较多，需要实时观察股票每天分时走势图中买卖盘、成交量大小、交易活跃程度的变化，等等。因这两个形态属于短线操作形态，需要及时准确判断，也还得特别注意对形态的鉴别。特别要提醒的是，不要接最后一棒，这是投资者需要认真考虑的一个问题。

触底反弹、突破颈线形态股票，更适合技术分析能力强的激进型投资者，此类投资者敏感、抗风险能力强、喜欢短线操作。稳健积极型投资者适合关注箱体拔高、弹升回档再起、突破长期盘整爬升、突破三角形形态股票，这类投资者有技术分析能力，目光长远，愿意为长线股票花费较长时间等待。长线股票对于激进型投资者来说则是难以忍受的。

# 云手：云遮雾罩迷离，妙手回春光明

很多人不懂太极拳，但一定听说过"四两拨千斤"这句话，并理解这句话的含义，而云手，就是这句话的典型代表，另外，很多人看见太极拳的动作，不管套路招术怎样变化，都像行云流水，感觉"太极就是云来云去"一般，这句话也正是云手的典型写照。

人们常说"外练筋骨皮，内练一口气"，呼吸的自然顺畅，是保障拳击不慌乱的重要前提，练习云手，将使人在搏斗中进退自如，从容面对。

云手在拳法中就是牵引、拨动、推出等几个动作的巧妙结合，云手在搏斗中的作用并不是用来打斗的，这些推拿动作也起不到真正制敌的作用，但却是搏斗中的下意识动作，以出其不意的方式，用双手云过来云过去，好像是远离搏斗游离于战场，但其实云手出招自始至终双脚都不离地，没有跳跃腾挪，因为本拳法要求重心必须要稳，下肢必须要扎根稳定，在技击中，这是非常考验定力和毅力的，也是需要花费大力气的，并不是人们想象中的那样轻松简单，在实战中，通过云手动作，可巧妙化解千斤攻击。

云手时期股票，属于股票生命周期里上涨初期阶段，股票上涨初期总会受到各种压制，从趋势上来看，有斜梁压制；从主力的行为来看，有上涨初期洗盘和多次挖坑行为等，对于这些行为，可以运用太极拳云手技法，不直接打斗，而是在关键位置，巧妙识别，从容搭车。

股市云手招数主要包括，斜梁压制反转、变盘障眼法、股票 V 形组合变脸。

下面分别讲解招式。

第一式 ▶ ●●

# 斜梁压制反转及实战

## 一、斜梁压制反转

股票上涨长期受制于类似一道斜梁的压制，多次反弹，触到斜梁就碰壁回落，经多次碰撞后，股价越走越低，仿佛让人看不到底，也看不到希望，但往往在人们失去耐心的时候，股价悄悄地穿过斜梁，越走越高，把前期的一个个反弹压制点一一突破，最终脱离斜梁的压制。

这道斜梁是由两次相邻反弹高点构建而成，其后所有的反弹点都会受到它的压制。

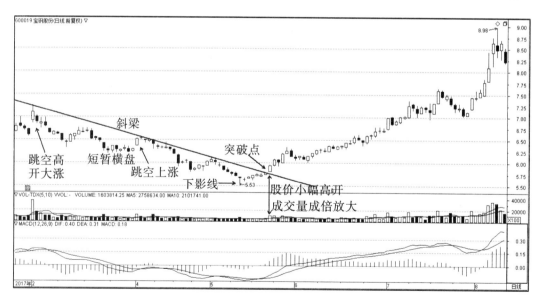

宝钢股份（600019）2017年1月18日～8月10日日K线走势图

如上图所示，宝钢股份在左侧震荡中出现一次跳空高开缺口，成交量放出巨量，股价大涨，感觉该股强力突破后，将开启一段不错的行情，不过当日却受到较大的抛压，形成一条较长的上影线，股价回落下来，回落了一段距离后，股价有所回升，但很快又回落下来，在短暂横盘7日后，再次出现放量跳空上涨，次日出现十字星后，股价又缓慢下行，我们把前面跳空大涨当天的上影线作为一个点，连接这次的十字星这个点，做前后延长线，我们就把这条线称为斜梁。

当斜梁形成后，股价将受到斜梁压制，很难突破，该股在继续回落的过程中，又出现了一次回升，结果股价触到斜梁又回落下来。

当股价回落到 5.53 元处，留下一条下影线，非常虚弱地止住下跌，随后，股价悄悄地以连续小阳线向斜梁靠拢，这次为了突破斜梁压制，主力改变战术，当股价触到斜梁时，以股价小幅高开、成交量成倍放大的策略跳过斜梁的阻碍，并且股价连续上涨以巩固来之不易的突破，接下来，该股以慢牛的形态，稳步小幅推进上涨，两个多月的时间，持续上涨，最后进入拉升。

## 二、案例及应用

**➡ 实战案例一：半年斜梁压制反转**

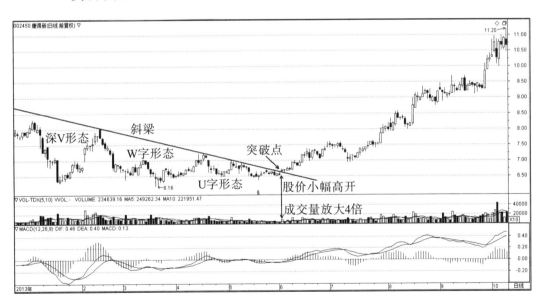

康得新（002450）2013 年 12 月 24 日～2014 年 11 月 13 日日 K 线走势图

如上图所示，康德新在左侧出现了一次深 V 走势，反弹的高点没有超过前面高点，股价回落下来，走出了一个 W 字形，这个 W 字形的末端比前端位置更低，股价又小幅回落，走出一个 U 字形，U 字形的末端也比它的前端位置更低，把这三个点（V 字末端、W 字末端、U 字末端）连接起来，就是一条斜直线，我们称之为斜梁，这个斜梁将沉重压制股价。

斜梁有这样一个特性，一般时间越往后，股价震荡幅度越减小，越密集靠近斜梁，往往预示着突破斜梁在即。

该股突破，仍是选择跳空高开的形式，尽管涨幅不大，但成交量罕见地放大4倍，跳过斜梁的压制，取得成功。

从此，该股开启了很长一段时间的慢牛走势，在震荡上行中，把斜梁远远地踩在了脚下。

◎如何识别突破斜梁压制反转

处于斜梁压制的股票走势，有这样一个规律，在长长的压制道路上，每过一段时间就会有间歇性反弹，每次反弹触到斜梁时，就回落下来，在较长的时间里，多次出现反弹、回落之后，股价不断创新低，让人意志消沉，而越到后面，弱势中的股价轻轻地回升，反而越容易触及斜梁，这时突破反而变得容易。

当多次反弹、回落之后，发现回落幅度逐渐变小，并以慢慢回升的方式接近斜梁时，可能预示着将突破斜梁压制变脸了。

对于斜梁压制股票，画一条辅助线分析更为准确有效，在一段时间范围内，观察有多处逐级下降中的反弹高点，选取后面的两个反弹高点连线，并在两端延长出去，如果未来，股价在下降过程中，反弹高点触及斜梁又回落的次数越多越有效。

如发现股价突破斜梁，慢慢越走越高，不再回落到斜梁，基本上就可以判断该股已经挣脱斜梁的压制变盘向上了。

➡ **实战案例二：一年斜梁压制反转**

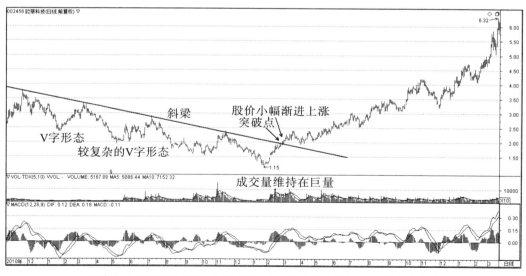

欧菲科技（002456）2010年10月26日～2013年3月19日日K线走势图

如上图所示，欧菲科技在左侧从低位反弹，到一定高度后回落下来，出现一次较大的 V 字形走势，在 V 字形的末端，股价又回落下来，接着又走出一个较复杂的 V 字形，在其末端，又出现一个比该 V 字形前端更低位置的高点，我们把前一个 V 字形末端和后一个 V 字形末端的高点连线，往两端延伸，这就是该股的斜梁。

该股在后面的走势中，触到斜梁即回落，证明了这根斜梁的有效性，该股最后突破斜梁的压制，是以一种股价渐进小幅上涨，成交量维持在巨量的状态下，悄然突破的。

突破斜梁后，股价经过长期缓慢震荡上行，在一年多时间里，越涨越高，后期形成了拉升上涨的态势，涨幅巨大，达 3 倍以上，该股受斜梁压制达一年之久，说明压制时间越长，上涨时间也越长，涨幅也越大。

◎斜梁压制反转股票的操作要领

（1）股票在回落过程中，多次反弹后又回落，每次反弹高度是逐次降低的；

（2）选取中途两个反弹高点连线，并往两端延伸，未来每次股价触到这条线就回落下来，这条线就是斜梁，股价的走势受它的压制；

（3）股价在突破斜梁时，一般是跳空高开，成交量特别放大；或者是股价在接近斜梁位置，股价缓慢上涨，但成交量放出巨量并将维持一段时间；

（4）当斜梁被突破后，股价不会再回落下来；

（5）斜梁压制时间越长，往往反转时间也越长，涨幅也越大；

（6）当发现股价突破斜梁不再回落下来时，即可参与进去，并耐心长期持有。

## 第二式

# 变盘障眼法及实战

## 一、变盘障眼法

变盘障眼法有两个方向，一是上涨操作方式：主力准备开始炒作一只股票时，先期用快速、连续的下跌击穿重要支撑线等方法，把心态不坚定的跟风盘甩掉，恐吓市场中的浮动筹码，通过震仓洗盘手段，达到变盘后能轻松上行的目的。

二是下跌操作方式：主力变盘出货会尽量吸引买盘，在缓慢小跌过程中，伴随大阳线反抽，让人以为主力是在洗盘而仍然继续持股，然后以一种缓慢的下跌速率来麻痹投资者，使投资者在"温水煮青蛙"的阴跌中，不知不觉地陷入深套，而主力却在高价位逐步派发手中股票。（此操作方式在相关章节已有介绍，不再赘述）

在实际操作中，投资者一定要辨别清楚洗盘和出货的区别，如果把洗盘当出货，出货当洗盘，将遭受重大损失。下面我们重点分析上涨变盘障眼法。

上涨变盘障眼法示意图：

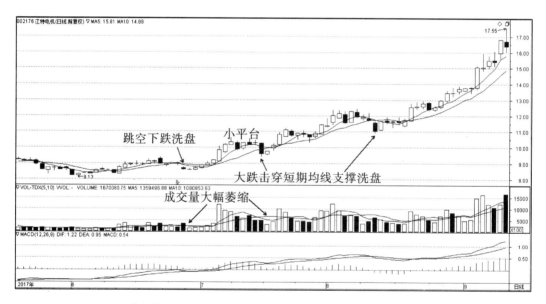

江特电机（002176）2017年5月17日～9月12日日K线走势图

如上图所示，江特电机从底部缓慢上涨，在即将超过前期高点时，主力面临一次选择，是突破，还是打压？该股主力选择了打压，以跳空下跌的方式，让人误以为主力大力出逃，成交量放大，吓出了浮动筹码。

洗盘后的次日，股价马上稳定下来，成交量也大幅萎缩，之后连续几日小阳线上涨，在突破前期高点时，股价大幅拉升，成交量巨额放大，让人感觉前面的跳空下跌就是主力的洗盘，似乎未来上涨一片光明。

不过大涨上去之后，主力却在高位反复上下倒腾，构筑了一个小平台，并出现一个十字星，十字星的出现，又意味着股价将选择方向。

次日大跌，似乎股价选择向下方向运行，让投资者又受到一次惊吓，但这次大跌，成交量并没有什么特别之处，显然不坚定持股者上次已被吓出去了。

次日股价稳定下来，成交量大幅萎缩，之后，股价小阳线连续上涨，经过前面两次洗盘后，主力又变盘上行。

这次上行翻越了两波后，又出现了一次较大的下跌，很可能引人误判反弹结束，实际上第二天股价又涨回去了。

该股3次洗盘都有效击穿了两条短期均线支撑，对于关注短线形态的投资者来说，形态已变坏，不值得再拥有，但却是主力利用技术手段采取的骗线行为。

该股经历了3次洗盘后，主力没再折腾，选择小平台＋大阳线的方式，越走越高。

**如何防范主力骗线**

我们知道投资股票，一定会最终落实到两种行为上，一是委托，二是成交，委托是投资意愿表达，在没有成交前，可以反悔撤单，而成交，是须付出或者得到真金白银，在分时走势图上，委托可以随时变化，而成交，就是意愿的达成，无法反悔撤单。

日K线走势图就是每天股价在买、卖盘力量作用下运行产生的开盘价、收盘价、最高价、最低价，以及当天成交产生的数量汇聚而成的统计图。

日K线走势图是真实的，但主力可以利用各种手段，影响股价和趋势，使人产生错误的判断。具体的有：主力通过资金优势，打压或拉抬股价，在一些重要位置，影响趋势形态、技术指标，使技术图表形成一定趋势线型，让投资者在错误的方向上买进或卖出，主力机构借机发财。这种通过故意制造技术图表线型假象的行为就是骗线。

此处结合上面案例，重点讲解一下提防上涨形态骗线的要点。

在上涨趋势中，股价突然回落，并跌破重要支撑线，但没有改变上行趋势，回落稳定下来后，继续上涨突破支撑线，说明回落跌破支撑线的行为就是骗线，也叫诱空。

一个趋势的形成需要一定的时间，如果股价一时发生较大的变动，依照超级短线的技术图形剧烈变化就急于做出判断，是很容易上当的，那些看得比较长远的主力还可以制造趋势，更能迷惑投资者。

作为一般投资者来说，当股价发生较大变化时，需要引起高度关注，分析市场、主力的各种行为，不必太关注超级短线技术指标，等待观察一下，排除干扰，辨别清楚真趋势，识破主力"骗线"阴谋，可以利用反间计和时间差跟进坐轿，将收获意外的喜悦。

## 二、案例及应用

### ➡ 实战案例一：当天洗盘即回涨

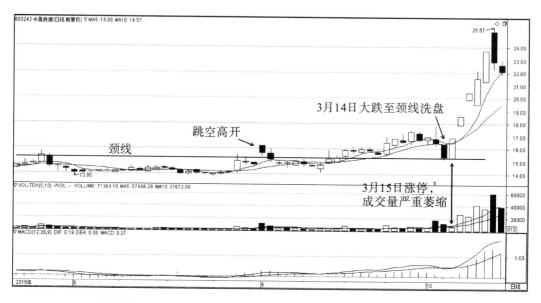

中昌数据（600242）2016 年 7 月 21 日～2017 年 3 月 24 日日 K 线走势图

中昌数据在长时间的底部区域运行中，经历了一些细微的变化，先以窄幅震荡形式在底部横盘整理，一次大涨站上颈线位置后，跳空高开，但没能延续上涨，而是又回落到颈线位置，继续维持了 6 个交易日的横盘窄幅震荡，然后缓慢突破颈线位置上行，上涨趋势明显，但 3 月 14 日大跌，成交量增大，把近10多个交易日积累起来的涨幅抹掉，几乎跌回到了颈线位置，让人怀疑是否形态变坏，上涨结束。3 月 15 日，开盘 15 分钟内急速拉至涨停，一阳吞两阴，且成交量严重萎缩，这完全就是主力所为，看来形势将逆转，3 月 14 日的大跌，只是主力使出的障眼法而已。随后的几个交易日里，连续 3 个涨停板。（见上图）

**变盘障眼需要关注哪些异常信号**

（1）变盘前，一般主力会采取诱骗的方法进行洗盘；

（2）洗盘采取逆技术形态进行，即在重要的位置进行恐吓；

（3）有的洗盘，是以跳空大跌的形式开始，之后股价会缓慢回升，当天以阳线报收。

**➡ 实战案例二：两次洗盘回到同一位置**

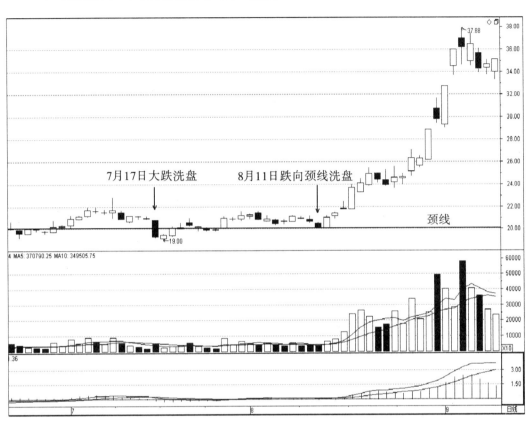

7月17日大跌洗盘　　8月11日跌向颈线洗盘

颈线

汉王科技（002362）2017年6月5日～9月11日日K线走势图

汉王科技一段时间的走势如上图，从左侧有两波非常缓慢的上涨，在第三波，涨势加大，上行趋势明确，不过上冲最高点时回落了下来，在7月17日前，出现两个十字星，成交量极度萎缩，将做方向性选择，7月17日这天以实体大阴线收盘，并跌穿颈线，让人担心后市。

不过次日就企稳回升，弱势整理了近1个月后，于8月11日再次跌到颈线位置。

次日股价表现较强，一阳吞三阴，由此，股价进入快速上涨阶段，成交量也逐日迅速增长。

7月17日和8月11日两次下跌都跌到颈线位置，并跌破两条短期均线支撑，主力在拉升前，使用了两次骗线障眼法。

## 第三式

# V 形组合变脸及实战

## 一、V 形组合变脸原理

某只股票在底部，如果出现两次以上 V 形走势，短线可以做高抛低吸，在这种走势的末尾，如右侧拉升较快，将可能突破前期高点上行。

示意图：

黄河旋风（600172）2017 年 5 月 3 日~11 月 3 日日 K 线走势图

如上图所示，黄河旋风在底部出现了一个 V1 形形态后，接着又是一个 V2 形形态，在上面横盘震荡了一段时间，放量跳空大幅下跌，出现一个更低的底部，随后，缓慢上行逐步回升，形成 V3 形形态，股价涨到接近前面两个高点时，回落下来，形成 V4 形形态，这次 V4 形右侧回升出现一次跳空放量大涨，试图超过前面所有的高点，但随后的交易日里，量能迅速萎缩，股价只好顺势回落，在 V5 形右侧，主力一鼓作气接连拉升，终于突破前期高点，从此走上了震荡上行之路。

通过对上面图形的观察，可以发现这样一个规律：

出现多个 V 形形态，前面 3 个 V 形的高点、低点相差不大，我们可以在 V2 形的底部低吸，反弹到高点位置卖出，做一个差价，再在 V3 形底部低吸，高点处卖出。

V4 形的底部比前面 3 个的要高一些，一样可以低吸高抛，V5 形的底部更高一些，成交量更加萎缩。后面这两个 V 形的底部在抬高，很可能将反转不再出现 V 形形态了，股价突破前面所有的高点，说明已反转，此时可参与，可持股，不再做差价。

## 二、案例及应用

⇒ **实战案例一：短期频繁出现 V 形**

*伊力特（600197）2017 年 4 月 5 日～10 月 10 日日 K 线走势图*

上图显示，伊力特在底部出现了 5 次密集的 V 形形态，这 5 次 V 形形态形成时间短，高点、低点位置基本相同，而 V6 形出现变异。

V6 形跟前面 5 个 V 形比较，它形成的时间长一些，右侧大幅拉升，放量突破前期所有高点，回抽一下之后，又大力拉升，在高位回落，形成 V7 形形态，这个形态更像 U 形，这是 V 形的变异，而且在顶部，又出现一个小的 V 形形态。

本案例有这样一个情况，后面的 V6 形、V7 形，历时更长一些，V 形变异为 U 形。

### ➡ 实战案例二：长线多个 V 形

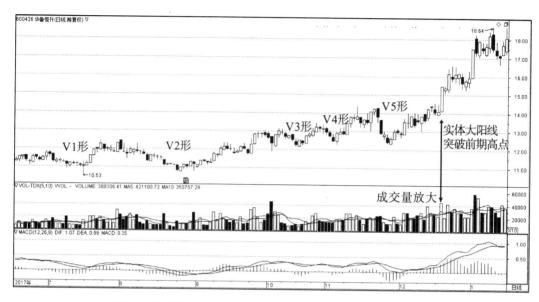

华鲁恒升（600426）2017 年 6 月 19 日～2018 年 1 月 16 日日 K 线走势图

如上图所示，华鲁恒升 5 个 V 形形态是逐次抬高的，V3、V4、V5 的 V 形特征明显，V2 可细分为两个 V 形形态，V1 变异为 U 形。

该股 V 形走势历时 5 个多月，最后出现 V5 形态，在右侧一条实体大阳线突破前期高点，成交量放大，从此上涨速度开始加快，V 形形态消失，股价进入上升通道，成交量稳步放大。

**V 形形态特征如何把握**

一只股票可能会多次出现 V 形形态，刚开始的走势变化不大，间隔时间有一定的规律，它们的高点、低点位置相差不大，当出现两个 V 形形态时，就可以找出规律做差价。

多次出现 V 形形态时，V 形形态可能会发生变异，如时间更长，变异为 W、U 形态，在多次出现 V 形形态后，有可能反转向上，当然也有反转向下的。需要特别注意的是，如反转向上，可及时参与；反转向下，则立即离场。

### 小 结

本招主要分析了斜梁压制反转、变盘障眼法、股票 V 形组合变脸这三种形态。

主力变盘，总是要使出各种障眼法，干扰趋势，让人雾里看花，辨不清方向做出错误的判断，这是投资者需要特别注意的。

斜梁压制趋势不是短时间内形成的，长达几个月，甚至1年以上，压得股价喘不过气来，但往往压制时间越长，反转后，上涨时间也越长，涨幅也巨大。在斜梁压制的假象下，是主力深谋远虑的布局。在斜梁压制的早期，我们不参与，长期盯住它就好，有的投资者也能发现这种股票，但耐心不够。

变盘障眼法是主力欲拉还打，在主力即将开始拉升前，选择打压，让人误以为上涨结束。主力会反复使出这种方法，吓阻投资者，如果投资者识破了主力的图谋，往往会收获即将到来的丰厚利润。这种类型股票跟斜梁压制股票相比，主力变脸快得多。

股票V形组合变脸，对于喜欢短线的投资者来说，可能更值得关注，因为这种类型的股票将会多次出现V形形态，它们间隔时间不长，高点、低点位置明显，可以反复做差价，当然，这种差价也不会太大，不过它有规律性，易于把握，还是值得做的，在V形形态结束的末端，需要特别留意，如变脸向上的话，及时参与，将会收获很大的利润。一些投资者很惧怕V形反复折腾，喜欢一路向上趋势明确的走势，这没有对错，投资者可以寻找适合自己操作习惯的股票，做自己能把握的事情就好。

# 高探马：既拉又打，高调试敌

极拳技法进行到高探马时，是设想敌手快速左拳袭来，我急应左手扣住敌左腕下拉，稳住阵脚，用右掌迎击敌头部，又或变换我掌、指击打敌方下颌、鼻梁、双眼，令其反应不及，被迅捷制服。高探马是一步狠招，是必须令敌方身体见红的招数。

敌方是有备而来，不会轻易束手就擒，高探马也不可能一两个动作就把敌方制服，不过高探马作为太极拳法之一，须顺应太极拳外形上的轻松自然，即便面对强敌，不可紧张变形。由于是左虚步而右手前伸，形成拗虚步动作，身型要中正，双肩连线与右脚尖方向相垂直，保持身体各部位的悬沉内敛，在意念上紧密联系下一个连环动作，不后滞不前仰不拖泥带水，身体重心随着动作的快速起伏运动而灵动，不管来敌如何凶猛，桩子不能倒。

高探马时期股票，属于股票生命周期里的活跃阶段。当股票经历较长时间的底部蛰伏、初涨阶段后，即进入活跃期。如果说前面的招式主力都还显得犹抱琵琶半掩面的话，这一章招式里，主力尽显。为了赶跑搭便车的散户，早已埋伏其中的主力撕掉伪装走到前台，原形毕露，采取各种手段使散户离场，高探马时期的股票，可以看到主力的种种操作手法，以及识别应对方法。

股市中的高探马，表现为主力既拉又打，非常高调，涨也快、跌也快，机会好像很多，但陷阱也很明显，既让人心动，又让人害怕，如何把握节奏，很考验投资者的功力和胆识。

股市高探马招数主要有：识破腾挪法、乘胜追击法、挖坑填埋法、大阴线反转法。

下面分别讲解招式。

## 第一式 ▶ ●●

# 腾挪躲闪及实战

### 一、腾挪躲闪

主力操作一只底部中的股票，不断低吸、抛出，在一个很小区间内反复折腾，通过反复拉升-打压-拉升-打压，让投资者无所适从。主力拉升打压，反复测试筹码的跟随度，消磨投资者的耐心，经若干次折腾后，最终耗尽空方筹码时，出其不意以连续阳线的形式大幅拉升，不给市场更多的反应时间和机会，而最后的拉升阶段，将有很可观的一段涨幅。

示意图：

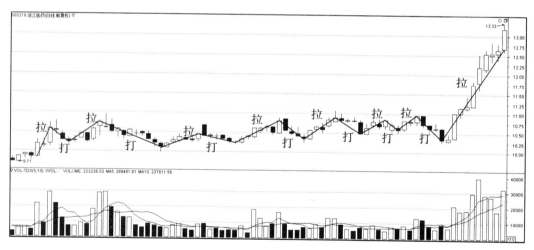

浙江医药（600216）2017 年 7 月 21 日～11 月 16 日日 K 线走势图

主力反复拉打的目的，是为了测试卖压的力度，在拉的过程中，让投资者看到希望跟进，但主力马上又转为打压下跌，让投资者追涨杀跌，如投资者没踩准节奏，多次操作失利，就会不再关注该股，主力反复通过这样的技术操作手段，最终会发现没有多少投资者参与了，这从成交量的极度萎缩就可判断，主力成功赶出一般投资者，即将进入拉升浪。

一般而言，主力腾挪时间越长，以后拉升的幅度越大。

如上图，浙江医药经历 7 次反复拉升－打压－拉升－打压的循环，在最后一次打压之后，一跃而起，连续大幅拉升，成交量也随之放大，以前的套牢盘涌出，被主力悉数接收，显示主力实力之强大、意图之高远。

**那么如何识别主力腾挪意图呢？**

一般主力上拉时，成交量明显放大，这是在吃货，打压的时候成交量又马上极度萎缩，说明没什么恐慌性抛盘，跟风的人少。当经历多次拉升－打压－拉升－打压后，成交量跟初期相比大幅减少，到最后，可能萎缩得更厉害，此时往往预示着折腾就快结束，连续拉升即将开始。

实战操作中，一般出现这种形态，主力是为以后大幅拉升布局。投资者要密切跟踪，发现成交量极度萎缩，股价还在大幅下跌，而股价企稳之后，成交量明显放大，就果断跟进，此时获利空间较大。

需注意，在拉升－打压－拉升－打压的循环过程中，它每一次的拉升、打压时间都不会太久，不管是上涨，还是下跌，都会比较急促，并且这个循环周期是处于上升通道中的。这跟箱体震荡是不同的，需要注意鉴别。

## 二、案例及应用

➡ **实战案例一：多次拉打循环**

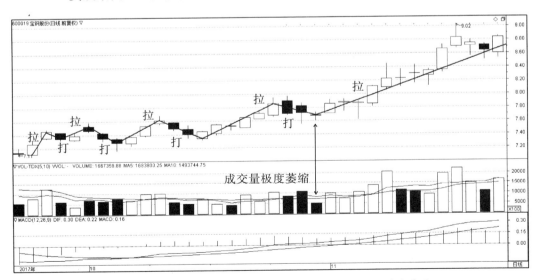

宝钢股份（600019）2017 年 9 月 25 日～11 月 17 日日 K 线走势图

如上图所示，宝钢股份经历了4次拉升、打压循环，最终脱离盘整形态，走上缓慢的上升通道。许多牛股就是这样一步一步走出来的：

在底部位置，以两条阳线上行，成交量配合放大，接着打压，马上再拉起来，超过前面高点，但又以3条阴线打压回落，再以3条阳线拉上新高度，继以2条阴线打压，之后连续5条阳线上行，让人看到趋势性希望，股价达到新的高度，主力最后又打压一次，出现一个十字星，这天成交量极度萎缩，反转信号十分强烈，次日，股价上行，并在随后的交易日里，连续上涨，成交量也开始逐步温和放大，股价开始突破前期高点，上涨趋势明朗。

**腾挪运行特点**

每一次上拉，都比前一个顶点的位置更高一点，似乎就此走上了一条上升通道，但主力却耐着性子进行打压，让人怀疑自己的判断有错，不敢抱什么期待，而最后一次极度缩量的十字星，却是最后一次让人上车的绝佳机会，从此以后，伴随成交量放大，股价走上连续上升的通道。

◎实战操作意义

观察股价短时间内的拉升和打压，观察成交量的变化，拉升、打压循环的次数越多，越有可能发现端倪，可操作的规律越明显，次数少了，不能找出运行规律，只有当次数足够多时，才能发现规律，即在其拉升、打压的过程中，存在局部的差价小机会，经多次拉升、打压之后，可能股价将接近于突破这种规律的临界点，如某一天出现十字星走势，成交量又是极度萎缩，或许就是变盘的临界点，如股价有效突破长期拉升、打压形态，则有较大的盈利空间。

**➡ 实战案例二：短暂拉打循环**

如下图所示，保利地产只经历两次拉打循环，加一段小横盘，即开始进入上行，最终出现一次大的拉升。该股的具体走势是这样的：

股价从底部以2条阳线拉起来，随后出现3日横盘走势，主力选择打压，股价下降，让人产生失望心态，但下跌时，成交量并没有放大，说明持有该股的投资者只是冷眼旁观，没有卖出行动，于是主力马上加大力度拉出2条阳线，突破前期高点，成交量也随之放大，之后，主力再次打压，然后横盘整理一周时间，出现十字星，当天成交量极度萎缩，变盘信号发出，果然，随后股价回升，以大阳线突破前期高点，并伴随巨额成交量，从此该股脱离拉升、打压格局，形态扭转。

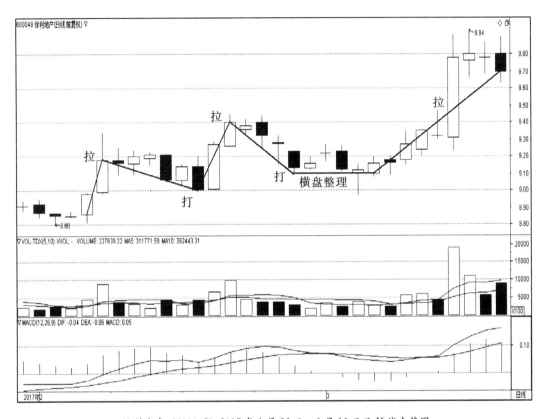

保利地产（600048）2017年1月26日～3月16日日K线走势图

**需注意的是**：该股拉升比较快，前面两次拉升，都只经历了两个交易日，在打压过程中，伴随有横盘整理形态，显得拉升、打压形态不是那么明朗，拉打循环次数较少，谨慎的投资者会产生困惑，而难以判断形态。这种类型的股票，主力操作手法比较积极，准备以较短时间完成其操盘计划，作为敏感的投资者，应注意典型形态的变异，因为主力并不都是按典型形态操作的。

◎实战操作意义

在股票进入拉打循环周期中，需要密切关注其周期的长短，有的需要经历多次循环，有的要少一些，循环时间短的，适合喜欢短线交易的敏感投资者操作。

## 第二式
# 乘胜追击型及实战

### 一、乘胜追击型

股票上涨过程中如果出现这样的形态：小阳线上行几日出现一条大阳线，小回落，再连续小阳线上涨，接着又是一条大阳线，呈周期性地不断往上涨；成交量的表现为，大阳线＋大成交量，然后小回落＋萎缩成交量，股票出现这样的走势即为乘胜追击型。

小阳线接着大阳线，呈乘胜追击的态势，但又适可而止回落下来，如此反复循环，股价总体趋势上行。

示意图：

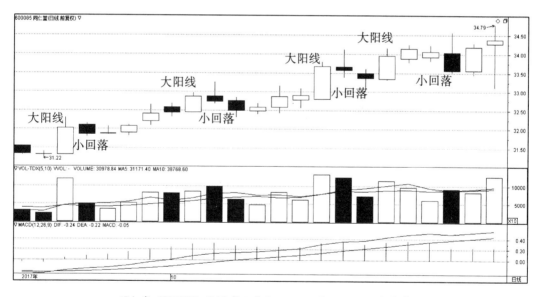

同仁堂（600085）2017 年 9 月 21 日～10 月 30 日日 K 线走势图

如上图所示，同仁堂经历了如下 4 次周期性走势：大阳线（大成交量）＋小回落（萎缩成交量）＋连续小阳线（成交量略有放大），循环往复上行。

在一条大阳线拉升之后，股价有所回落或停顿，然后以小阳线上行，接着又是一条大阳线拉升，股价不断周期性上行，成交量也是随着大阳线拉升而放大、小回落而萎缩，量价配合较好，显得很有规律。

看见这种走势的投资者一般会有这样的体会，很想跟进，又不敢，结果从一个周期性上涨看到下一个周期性的上涨，一直目送它越涨越高！

**注意**：对于这种走势，先期可以不急于乘胜追击，可观察一个周期，当第二个周期出现的时候，激进的投资者就可以乘胜追击了，而稳健型投资者也可以继续再观察一个周期再确定跟进。

◎实战操作意义

这种不断周期性上行的股票，简单明了，易于判断，实际操作中，当一只股票出现一两个这样周期循环上涨的情况时，即可确定形态，及时跟进，一直持有亦可，中途回落时参与亦可，收益还是有保证的。

## 二、案例及应用

### ➡ 实战案例一：获取最后最丰厚的利润

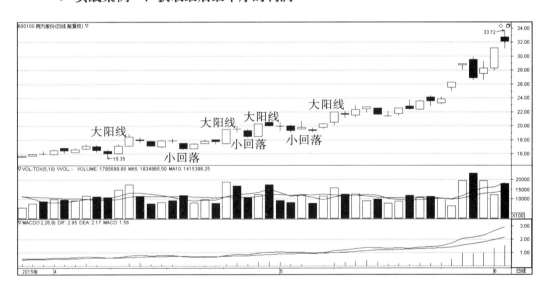

同方股份（600100）2015年3月27日～6月2日日K线走势图

如上图所示，同方股份经历了4次大阳线＋小回落的循环上涨过程，最后一次大阳线后，几乎没有回落，而是横盘了几日，股价开始逐渐向上，且处于一种加速上行中。

此形态，主力的操作意图是，在底部拉升股价，吸引投资者的注意。刚开始投资者不确定未来它的走势不敢参与，主力大阳线拉上去后，暂停拉升，打压小回落，看看跟风者的态度，如成交量萎缩，说明没有什么抛盘，前面拉升没有吸引到更多的投资者参与，于是主力继续拉升，再看看投资者的反应，如仍然没有吸引到多少投资者参与，则说明没有跟风盘，没有过多的投资者搭便车，这样主力正好轻松上行，不断往上做，直到最后，开始连续大幅拉升，不信没有人跟进，此时成交量巨额放大，终于吸引了更多的投资者参与，主力即可顺利完成交接出货。

**乘胜追击法有一个特点**，即是一条大阳线拉升，加几日小阴线和小阳线，反复不断推高股价，到最后阶段，股价可能短暂横盘后，即进入最后连续大幅拉升阶段，这也是利润最丰厚阶段。

◎实战操作意义

在经历前期几个大阳线、小回落之后，往往会进入拉升阶段，观察这种股票的走势，前期不一定进场，但后期，要相信自己的判断，乘胜追击，获得最丰厚的利润。

➡ **实战案例二：周期小、时间短，短线更明显**

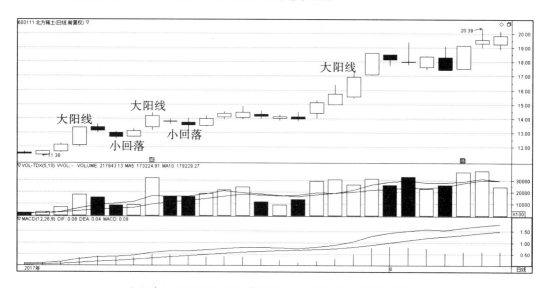

北方稀土（600111）2017年7月4日～8月9日日K线走势图

如上图所示，北方稀土经历两次大阳线、小回落的周期，在第二个小回落之后，股价稍微上涨了一点，筑了一个小平台，然后开始逐渐连续放量拉升，阳线越来越大，实际上进入了拉升阶段。

大阳线、小回落的周期短，说明主力短时间测试完成，对投资者情况已了然于胸，没必要再反复折腾浪费时间，该股最后拉升前，横盘时间较长，主力在此位置停留继续观察，做拉升前的准备，最后，不再反复试探，而是连续拉升，进入主升浪。

◎实战操作意义

股价经历大阳线、小回落的周期少、时间短，且进入最后缩量横盘阶段，可能预示着后面最精彩的拉升即将到来，此为短线投资者最为喜欢的投机机会。

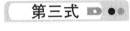

# 第三式

# 挖坑填埋及实战

## 一、挖坑填埋

股价原本处于上升形态，却意外回落，连续阴线下行，让人以为调整开始，不敢参与，持有股票的，也无奈出局，但经过一段时间的调整后，股价又慢慢恢复过来，直至脱离底部区域进入上升通道。

股价与成交量的关系是，价跌量缩，价升量增，股价与成交量的形态均呈圆弧，像"坑"一样，主力的这种行为，也可形象地比喻为"挖坑"。

示意图：

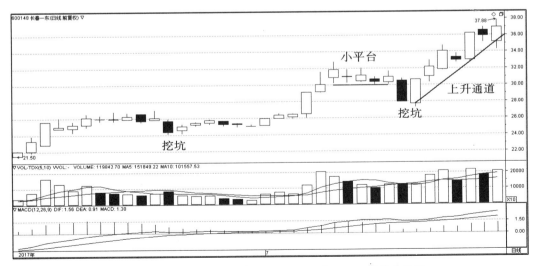

长春一东（600148）2017年6月7日～7月26日日K线走势图

上图显示，长春一东的主力有两次挖坑过程，股价从底部起来，连续阳线，成交量明显放大，不过持续时间不长即回落，主力本意上涨，却打压下来，属于挖坑行为，但这种挖坑行为不会太明显，主力也担心被识破后，被人在下面捡走廉价筹码，该股第一次挖坑后，股价小回升，再上一个台阶，构筑了一个小平台。第二次挖坑很短暂，一天大跌，次日大涨回去，进入上升通道。

**挖坑过程是这样进行的：**

（1）挖坑的过程和形态，一般是价跌量缩，价升量增，股价与成交量的形态均呈圆弧；

（2）挖坑的时间有长有短，一次没挖够，还可能继续再挖，最后一次坑，一般都比较小，即时间不长，就那么几日；

（3）最后股价如果连续阳线，并突破挖坑前的高点，成交量也随之逐渐放大，即可确认挖坑结束，股价进入上升通道中。

◎实战操作意义

挖坑是主力的一种假动作，挖坑前，通过量价关系，我们可见主力的身影，但当时并不能确定主力就是在挖坑，主力也有可能出逃从此消失呢。需要到最后阶段，股价回升到挖坑前的高点时，才可判断主力进行了挖坑动作，此时，参与进去，将会有一段不错的收益。

## 二、案例与应用

➡ **实战案例一：第二个坑介入点**

下图显示，兴发集团主力有两次挖坑，第一次挖坑是在底部上涨不稳的情况下进行的，挖坑幅度不深，如太深，主力担心不利于未来拉升时吸引投资者的关注。第一次小幅度挖坑后，主力慢慢推升股价，当向上的技术形态较好时，主力再次挖坑，中断投资者趋势性看涨的判断，这次挖坑的幅度稍大，然后跳空上涨，主力做多意愿强烈，一举突破前期高点，成交量也随之巨额放大，上行通道打开。

◎实战操作意义

第一个坑出现后，股价缓慢上行，主力再一次挖坑后，呈现3日连续十字星，成交量极度萎缩，这是变盘的前奏，激进的投资者此时可考虑参与，谨慎的投资者可在看到出现股价拉升，成交量放大时，再选择参与。

一般挖坑结束后，后续会有一大段上涨空间，早期参与进去，持股至上升通道形态改变前，会有不错的收益。

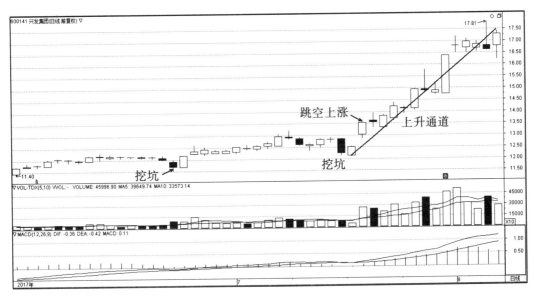

兴发集团（600141）2017 年 6 月 2 日～8 月 7 日日 K 线走势图

➡ **实战案例二：缓慢确认参与**

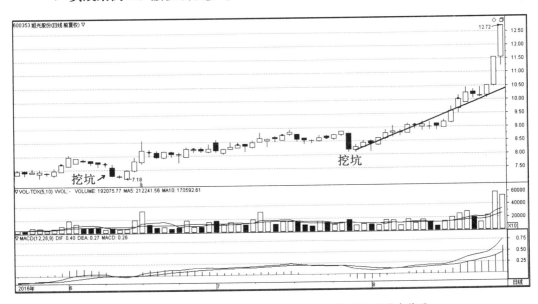

旭光股份（600353）2016 年 5 月 23 日～8 月 25 日日 K 线走势图

如上图所示，旭光股份主力第一次挖坑，形态不明显，股价缓慢上行一段时间后，再一次挖坑，暂时中断上升进程，这次行为比较明显，然后股价缓慢上行，突破前期高点，成交量也是慢慢放大，一条缓慢的上行通道形成。

◎实战操作意义

第二个坑挖完后，出现较多阳线，并超过前期高点时，即可确认挖坑结束，考虑参与。谨慎的投资者会反复观察，在形态完全确认后再参与。这种形态的股票走势缓慢，股价上升不快，可以中线思维对待，这样更稳妥一些。

## 第四式 ▶ ●●
## 大阴线反转及实战

### 一、大阴线反转

如果在小阳线居多的慢涨过程中，出现一根大阴线，而成交量又不是显著放大，次日止跌反转，那么当这种情况出现两次以上时，则基本就可确定该股未来出现大阴线也将即刻反转。

因此当出现大阴线时，不用恐慌，要坚定持股信心；而且可寻找短线投资机会，找到一个好的介入点。

示意图：

下图显示，两面针一共出现了4次大阴线反转，第一次大阴线跌幅较大，几乎把前面上涨的成果全部吞没，至收盘时留下一条长下影线，主力在低位收获了一部分恐慌抛盘，次日跳空高开，拉出一条大阳线，收复昨日失地，股价创新高，股价拉上去后，进入震荡，几上几下，在拉升前，主力又大幅打压，以实体大阴线呈现，之后股价连续五个交易日拉升，创新高后，又进入震荡模式，在回落的过程中，出现2次大阴线，让人心生恐慌，不过这又是主力为下一次拉升做的准备，果然随后的几个交易日，股价连续拉升，再创新高。

两面针（600249）2016 年 6 月 22 日～12 月 29 日日 K 线走势图

**如何鉴别、参与大阴线反转走势的股票**

这种类型的股票走势，因变化多端，需要仔细鉴别，股价在上涨的过程中，往往会突然出现一条大阴线，跌破前面很长一段时间的上涨空间，但次日即马上企稳、收复失地，并连续阳线上攻，股价创新高，然后，股票或进入震荡模式，在回落过程中，又会出现大阴线，复制上次的走势。

当第一次出现大阴线反转股价创新高时，应有形态意识，在第二次出现大阴线时，持股者不必惊慌，继续持股，激进敏感的投资者可抓住这难得的回调时机果断参与，在下一个反弹高点有回落迹象时卖出，将会有不错的短线收益。

## 二、案例及应用

**➡ 实战案例一：出现 2 次大阴线即跟进**

下图显示，开开实业出现了 3 次一阴吞两阳的大阴线，前两根更明显一些，次日即止跌回升。

大阴线吞没阳线越多，说明主力越狡诈，越考验投资者的鉴别能力和忍耐力。如股价呈温和上涨，小阳线伴随大阳线，间隔一条大阴线，次日稳定下来，再次重复上涨，·更适合一般投资者的接受度，投资者需要做的，是确定好形态，耐心持股。

开开实业（600272）2015年9月2日～11月25日日K线走势图

◎如何判断上升途中大阴线反转

在上升途中，当出现第一根大阴线时，观察次日是否止跌回升，当第二次出现大阴线并于次日止跌回升时，即可判断该股属于大阴线反转类型，谨慎的投资者可多观察一个循环再参与。

参与这种类型股票需要注意的是，不用多次确认才跟进，因为这种类型的股票，也不一定会出现很多次这种形态，如果出现这种形态的次数少，前面不及时跟进的话，很可能就会接到最后一棒，此时股价已在高位，这是比较危险的。

➡ **实战案例二：多条大阴线间隔时间近**

下图显示，华联综超在上涨过程中，出现了3条较长阴线，间隔时间短，第三条大阴线为大幅跳空低开下跌，形成一个向下跳空缺口，吞没前面两周的涨幅，令人恐慌，不过次日股价就稳定下来，并逐日连续小阳线攀升，创出新高，这是在成交量大幅萎缩的情况下实现的，说明主力已控盘，未来还将有较长时间的涨势。一般主力出逃时，都伴随巨额成交量，投资者可根据成交量变化决定持股与否。

◎怎样寻找大阴线反转参与机会

有的投资者心急，喜欢追涨，看到股票连续上涨就心慌，可当你追进去后，股价却有可能不再涨了，而是出现一条大阴线，令人非常难受，有的投资者就可能割肉出来了，股市上常说的散户最容易"追涨杀跌"，就是这样操作形成的。

华联综超（600361）2016 年 8 月 2 日～11 月 11 日日 K 线走势图

大阴线反转形态股票，还是比较容易判断的，不同类型的投资者适用不同的操作方式。

一般大阴线反转形态形成前，都会有 3 条大阴线，第一条大阴线可用于观察，第二条大阴线观察有没有参与机会，有的形态在这个时候是可以参与的，谨慎的投资者，可在出现第三条大阴线时参与，或较稳妥，但可能会失掉前面的利润，激进的投资者则可提前参与，即在第二条大阴线出现，次日股价稳定后参与。

小 结

识破腾挪、乘胜追击、挖坑填埋、大阴线反转这几种形态不是很复杂，如判断准确，既能找到局部小机会，更能获得大机会，左右逢源。局部下跌，时间都不长，抗一下就过去了，不必惊慌失措，当然，这是建立在对形态的正确判断基础上。

这几个形态，回落即是机会，从稳健的角度考虑，不建议看见一点形态的苗头就判断下结论，因为股价的走势千变万化，不要轻易下结论，一般要经过一个周期的观察，谨慎点，可再观察一个周期，连续观察两个周期即可做出大致的判断，可尝试性地谨慎参与，进一步验证判断的正确性，如正确，可加大仓位参与，如错误，则止损离场。

这几个形态的后续走势获利空间较大，如判断准确已进场的话，可耐心持有，别一有波动就慌张。作为一个证券市场成熟的投资者，别患得患失，股价在运行中，怎么会没有一些波动呢，有下跌再正常不过。经常有投资者反映，明明自己分析正确看好的股票，结果因一时下跌而卖出，错失后面很大一段利润；有的投资者判断正确买进了，有一点利润就想赶紧卖出，先把利润紧紧抓在手中再说。对这几个形态的股票来说，这样的操作实乃捡了芝麻丢了西瓜，很不可取。

我们以大阴线反转形态股票为例，当出现向下跳空缺口大阴线，一下子吞没前面很长一段时间的上涨空间时，一般人的反应是：完了，快速下跌到来，赶紧卖出股票离场！如果我们判断这是大阴线反转，这次只不过是又一次重复而已，就能稳住阵脚。当然，股票有很多不确定性和意外情况发生，如果次日股价就稳定下来，并在随后的交易日里有连续上涨的趋势时，可重新参与，进行纠错。可惜，很多人不会这样做，错过就真的错过了。

股市上一错再错的人很多，其实股市投资，就是面对若干错误进行不断修正的过程，正如著名投资大师索罗斯的名言：错误并不可耻，可耻的是错误已经显而易见了却还不去修正！

# 倒卷肱：倾巢之下，临危蓄力

2007

2010

2012

倒卷肱，两肱之肌，每倒转一次，内气运行一个"小周天"。如篱笆席地而卷，再铺展出去，反反复复，形成翻飞不断的招式，令敌方迷惑之时，顺势掀翻敌手。

倒卷肱凭借的是肱之肌，当敌方用手擒握或拉扯我左侧手臂时，我用左手反向握住对方的手腕，左身向后撤，拉动敌方的手心向我方前倾，并用右掌击打敌方软肋。

本招数是用来对付急速而来的敌手，借力打力，卸掉敌方力量，以席地而卷、铺展出去的章法。掀翻敌手，运用反作用力攻击敌手软肋，在这种快速迎战中，自己必须要下盘稳，不变形，否则失去重心很容易变成摔跤，这就不是太极拳战术的套路了，也就失去了制敌的功效。

倒卷肱时期股票，属于攻防阶段的股票，这个时期的股票下跌、上涨，相生相克，纠缠不休。粗看下跌股票，来势汹汹疑无路，但当其衰竭之后，又柳暗花明复回涨。领悟太极拳倒卷肱招式，可以透过现象看本质，就是一个敌进我退、敌退我进的缠斗过程。

很多下跌途中的股票，其实是有规可循的，别因为憎恨下跌而丧失斗志。当然下跌途中交易是一把双面刃，搞得好，就是炒到一个底部，这是人人都梦想得到的，但如判断失误，就是很可能偷鸡不成倒蚀一把米，也是非常危险的一件事情。

如何在股价下跌过程中如倒卷肱一样，在敌人倾巢之下，临危蓄力，保持战斗定力，借力打力，变被动为主动，为未来的翻盘做好准备，这是一个重大的课题。

股市倒卷肱主要形态有：下跌衰竭缺口、下降楔形反转、衰竭趋势反转。

下面分别讲解招式。

## 第一式 ▷●●
# 下跌衰竭缺口及实战

### 一、下跌衰竭缺口

股票在下跌过程中，有可能跳空低开，让人感觉下跌劲头气势汹汹，从而在走势形态上留下一个下跌缺口，一只股票有可能形成一个或多个下跌缺口，但不可能一直持续下去，总有衰竭的时候，我们需要重点关注的，就是下跌衰竭缺口，当下跌缺口衰竭的时候，就是我们进场的好时机。

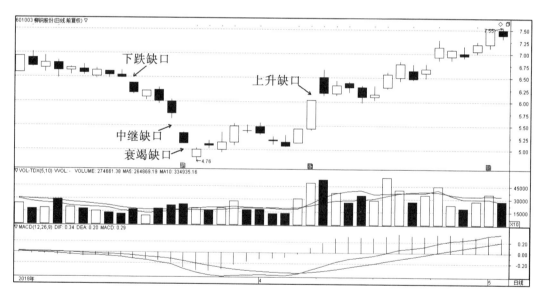

柳钢股份（601003）2018年3月6日～5月3日日K线走势图

如上图所示，柳钢股份快速下跌过程中经历了3次缺口，第一次下跌缺口，突破了前面的弱平衡，走势变坏，股价小跌几日后，出现大幅低开的中继缺口，当天跌停，次日，该股再次大幅跳空低开，不过这次下跌遇到顽强抵抗，以阳线报收，这是在成交量萎缩的情况下获得的成果，说明做空动能已衰竭，小资金就能把股价稳定下来，而且自此以后，股价开始回升，因此，最后的下跌缺口就可判定为衰竭缺口。

一般下跌缺口有1～2个或3个，3个以上的比较少见。教科书上通常以出现3个缺口的股票进行讲解。通常情况下，第一个下跌缺口都比较凶猛，如巨石从山顶滚下来，谁敢伸手去接？让这个巨石顺其自然滚落下来就好。在它滚落途中，又会出现第二个中继缺口，再一次验证它下跌的力度有多大，而当它出现第三个缺口的时候，往往其力量就衰竭了，底部形态也就开始逐渐形成，此时，就是我们出手的时机。

该股在形成上升缺口前，大阳线涨停，成交量显著放大，收复中继缺口，显然，该股经过前期3次缺口的打压制造恐慌之后，主力开始投入资金操作。在随后的交易时间里，我们看到成交量都远远大于下跌和底部整理期间的成交量。

**如何判断和把握下跌衰竭缺口**

（1）观察第一个缺口大不大，股价是否向下突破前面的低点位置。

（2）观察第二个缺口是否比第一个缺口更大，跌幅更猛。

（3）观察第三个缺口是否阴线变短了，成交量也极度萎缩了，股价止跌并在构筑平台，若是，则基本上就可判断该股的第三个缺口就是衰竭缺口，下跌基本到头了，可考虑进场了。

◎实战操作意义

通过缺口分析判断，有助于克服恐慌，有助于判断底部形态形成，有助于及时参与，买在底部区域。

## 二、案例及应用

### ➡ 实战案例一：1个下跌缺口即为衰竭缺口

下图显示，抚顺特钢股价只有1个下跌缺口，如何判断后续走势？

该股在下跌过程中出现1个下跌缺口，势大力沉，它的前、后交易日都是实体大阴线，令人恐惧，但之后，它很快企稳，以横盘整理的形式构筑了一个小平台，虽然后来又出现了一根稍大的实体阴线，次日跳空低开，不得不担心下跌中继缺口出现，但该日股价快速下探之后，股价正好收回到前一日的收盘价位置，成交量也极度萎缩，这基本上说明，当天股价的走势，完全是主力的一种试探行为，看看市场还有没有抛盘出现，测试的结果是，已无抛盘，以后拉升阻力就小了。该股的下跌缺口即为衰竭缺口。

该股最后出现一条长下影线之后，股价企稳，并慢慢缓步上行，当然，这是在成交量极度萎缩的情况下悄悄进行的，也只有这样，主力才能放心操作上行。

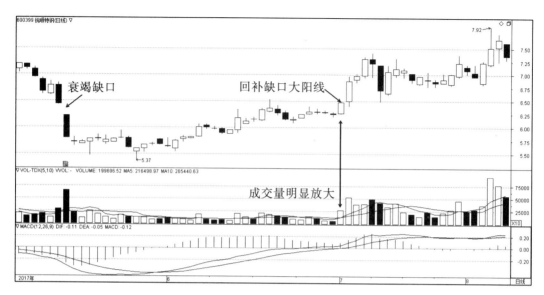

抚顺特钢（600399）2017年5月3日～8月8日日K线走势图

股价上行到前面缺口位置的时候比较关键，如成交量不能明显放大，则股价还是会继续在下面磨，看不到多大的希望，而该股，则是成交量明显放大，股价一举突破前面的缺口，更给力的是，次日，成交量又持续放大，阳线更长，说明股价已完全摆脱了下跌缺口的束缚，股价可看高一线。

◎实战操作意义

下跌衰竭缺口的判断，不以多少次来定，我们需要观察的是，第一个缺口出现之后，其股价是如何运行的，当股价抗拒缺口的再次出现，耐心观察主力的意图，则可以发现主力已排除干扰，底部即告形成，股价将迎来回升。

➡ **实战案例二：第二个下跌缺口为衰竭缺口**

下图显示，上海临港在下跌前，股价上冲，形成了一条长上影线，成交量也达到了最大值，之后跳空下跌，突破前面最低点位置，形成一个突破下跌缺口，股价持续下跌，到最后，再次出现跳空下跌缺口，这次缺口开口幅度比前一个缺口更大，感觉下跌速度将更快，不过下跌当日的成交量并没有显著放大，并且次日，即以更小的成交量阳线企稳，随后逐日阳线上行，说明空方力量已耗尽，那么最后这一个下跌缺口就是衰竭缺口。

一般股价正常平稳运行时，突然发生放量跳空向下打破这种态势的走势，很可能该股的趋势就发生了逆转，股价在下行过程中，如果再次出现跳空下跌缺口，但这个缺口之后，股价就稳定下来，并缩量上行，则该股的做空动能衰竭，最后这个缺口就是衰竭缺口。

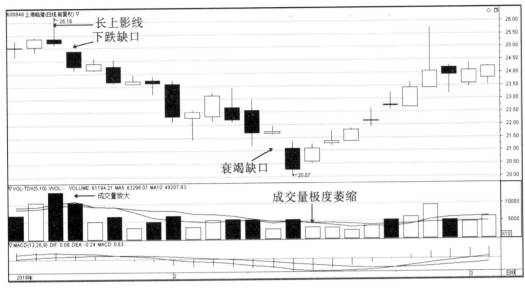

上海临港（600848）2018年1月22日～3月2日日K线走势图

第二式 ▷●●

# 下降楔形反转及实战

## 一、下降楔形反转

股价上涨到一定位置出现回落走势，回落到一定位置反弹，反弹高点低于前面高点，又回落，且位置比前面低一些，再反弹，反弹位置比最近的反弹位置低一点，如此反复回落、反弹、回落、反弹、回落、反转，在这一循环过程中，每一次的回落点可以连成一条直线，反弹点也可以连成一条直线，这两条直线的形态构成如楔子一般，我们称之为下降楔形形态。

下降楔形形态的构成一般有5个点，3个点在下轨线，下面这条直线为楔形形态的支撑线，股价正常情况下不会跌破，有2个点在上轨线，这条直线为楔形形态的阻力线，也不会轻易突破。一般说来下降楔形看涨。

示意图：

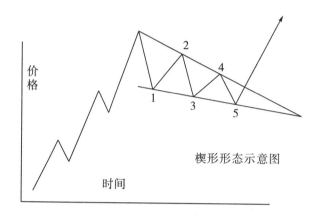

在本示意图中，下降楔形经过前面4次反复回落、反弹，到第5点位置时，几乎是跌无可跌，意味着触底反转，突破上轨阻力线，从此扭转股价下降趋势。

## 二、案例及应用

➡ **实战案例一：下降楔形第5点缩量回抽确认**

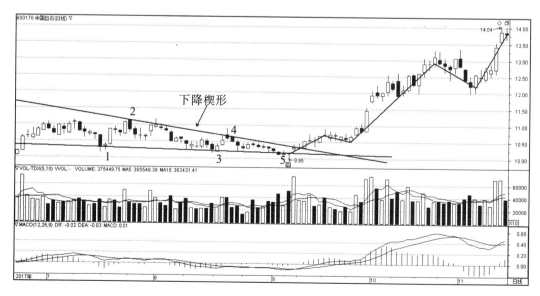

中国巨石（600176）2017年6月23日～11月14日日K线走势图

上图中国巨石的下降楔形形态比较典型，5个波段很明显。

股价从底部上行回落到1的位置，反弹至2，然后震荡下行至3，再反弹至4，又慢慢回落到5的位置，第五个波段结束后，调整即告完成，在5的位置缩量回抽，次日成交量放大，股价上行，楔形反转由此展开。

该股股价在1、3、5点位触到楔形支撑线即反弹，2、4点位触到楔形压力线即回落，说明该股形态为楔形。

**下降楔形形态需要掌握的关键点：**

（1）确定5个波段，这5个波段的点位一定是有3个点在楔形的支撑线上，有2个点在楔形的压力线上；

（2）下降楔形两条线条，一条是缓慢下降的支撑线，另一条是快速下降的压力线，股价在两条线内运行，两条线一定是向右收敛的；

（3）下降楔形形态运行过程中，成交量是萎缩的，反转后才逐渐增大。

◎实战操作意义

当确定股票形态为下降楔形时，在第5点位缩量回抽之后，可继续再观察一下，如发现次日起，成交量逐渐放大，股价突破楔形压力线上行，即可参与。

楔形形态比较容易判断，主要是找到5个点，画出支撑线和压力线，一般反转高度较为可观。


**➡ 实战案例二：楔形第4点位接近第5点位**

许多股票的形态，有可能跟示意图区别很大，可以理解为是有所变异的形态，股价是千变万化的，没有完全一致的，只要跟示意图相似就好。

下图中国医药的走势，大体上跟示意图相近，不过，有所变异，如3、4、5点位相邻，如果它再变化一下，就变成了一个三角形态，仔细分辨，该股形态仍属于下降楔形形态。

该股的第4点位和第5点位非常接近，如果不仔细分辨，很可能无法判断它是否为楔形形态，判断不准确，就不能为操作提供依据，因此，对形态的准确判断非常重要，对变异的形态做出正确的判断，很考验一个人的分析判断能力。

实际案例中，下降楔形形态有可能演变成三角形形态，如下降楔形形态中的3、4、5合为一点就转变为三角形形态了，三角形形态分析原理跟下降楔形形态方法一致。

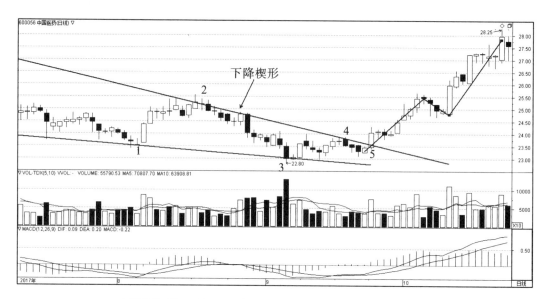

中国医药（600056）2017年7月11日～10月31日日K线走势图

## 第三式 ⬛ ●●

# 衰竭趋势反转及实战

## 一、衰竭趋势反转

一只股票在下跌过程中出现加速下降趋势，而成交量却是缩量的，途中遇到短暂反弹抵抗，然后又出现缓慢形成衰竭状态的下降趋势，成交量进一步萎缩，到了底部之后开始出现连续阳线，成交量也开始明显持续放大，意味着该股跌势结束。

从形态上来看，先是加速下降趋势，后短暂反弹，再形成衰竭下降趋势，最后形成上升反转趋势。

如下图所示，福日电子在加速下降趋势线阶段，空头表现气势汹汹，但成交量却没有放大，说明该股的投资者，或深度套牢，不再关心股价，大跌也不理会；或主力已深度控盘，主力打压没有引发更多抛盘出现，出现一次短暂反弹，主力接着再一次打压测试，出现较缓的衰竭下降趋势，成交量处于萎缩状态，说明仍没有引起投资者的关注。这时，主力对投资者心态、抛盘情况已大致了解清楚，于是，转为开始拉升股价，慢慢发起进攻，成交量随之放大，股价进入上升反转趋势。

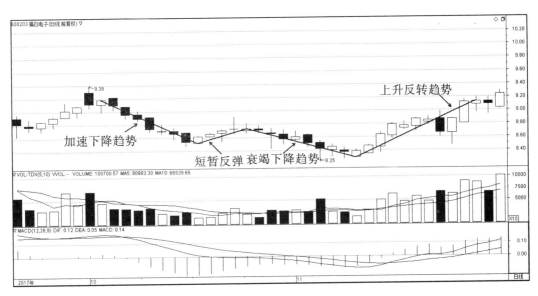

福日电子（600203）2017年9月22日～11月24日日K线走势图

总结一下，该股的走势是这样一个过程：

加速大跌阻吓——短暂反弹一下测试市场反应——且退且战再吓阻——确认市场跟随度——连续阳线拉升确立升势。

◎实战操作意义

对于连续打压的个股，需密切关注成交量的变化，观察投资者的跟随度和主力的意图，在股价最低点开始出现连续阳线时，即可确认主力已完成测试，股价将转为升势，此时参与进去，获利把握较大。

## 二、案例及应用

### ➡ 实战案例一：短暂大跌震荡后转为升势

如下图所示，拓日新能先经历一次短暂急跌，形成加速下跌趋势，然后反弹两日，再以5个交易日缓慢下行，形成衰竭下降趋势，这段时间的成交量都是极度萎缩的，两次大幅急跌，成交量与前后交易日相比，也没有什么特别之处，之后，该股反转，

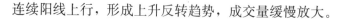

连续阳线上行，形成上升反转趋势，成交量缓慢放大。

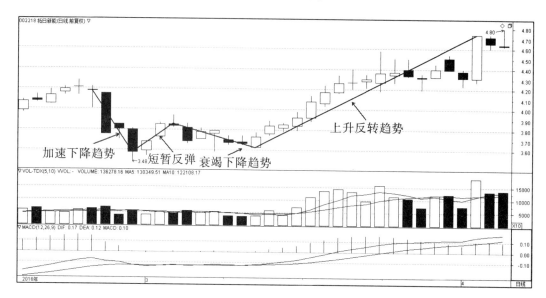

拓日新能（002218）2016年2月17日～4月7日日K线走势图

**股票连阴连阳转势需要注意的几个关键点：**

（1）第一次是连续大跌；

（2）短暂反弹；

（3）继续连续小跌；

（4）前面这3个阶段的成交量一定是萎缩的；

（5）最后股价起来是以连续阳线的形式，成交量持续放大。

➡ **实战案例二：两段时间较长下跌后转为升势**

如下图所示，长春燃气在加速下降趋势阶段，出现3次大跌，当时形势比较恶劣，不过很快企稳并短暂反弹，之后，又出现缓慢下跌，此时属于衰竭下降趋势，在末尾处，跌幅趋小成交量极度萎缩，说明这是主力的最后一次试盘行为。

主力在了解了市场态度之后，筑底缓慢推升，在稍长的时间内，把股价重新推上去。

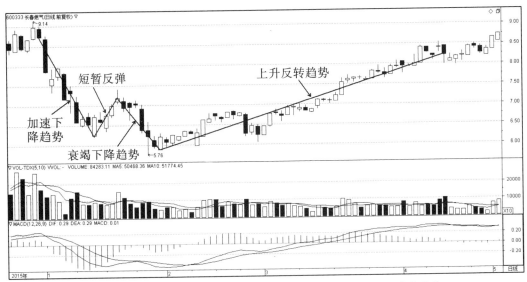

长春燃气（600333）2015 年 12 月 24 日～2016 年 5 月 4 日日 K 线走势图

## 小　结

下跌衰竭缺口、楔形反转、衰竭趋势反转这三种形态的异同：

从大的方面来看，下跌衰竭缺口、楔形反转、衰竭趋势反转这三种形态都是在股价下降到一定程度形成反转的，但它们之间又有一些细微的不同之处。

下跌衰竭缺口、衰竭趋势反转形态都是股价处于下跌趋势中，从加速下跌到衰竭反弹。下跌衰竭缺口形态，因是跳空下跌，杀伤力最为猛烈，有的多次出现下跌缺口，对投资者影响巨大。衰竭趋势反转形态，是连续大跌，破坏力也较大，相对下跌衰竭缺口来说，衰竭趋势反转形态的下跌没有那么突然，这两种形态的下跌趋势，都是从快速下跌到缓慢下跌，再反弹。

下降楔形反转形态是股价上升到一定高度，逐波下降，股价在楔形区间内逐渐收敛不再出现波动，最终形成反转。反转的高度会超过下降楔形前面的高度，之前，可能会有小幅回调，回调之后，将快速上涨并创新高。

# 六封四闭：举刀洗劫，吸血筹码

2007

2010

2013

**六**封四闭，本招数在实战中，是运用综合战法，全方位打击敌手，采用的战术包括击打、摔跌、擒拿，并将用反手顺敌之势头拉伸，再变化掌法击打，让敌方进退两难，使敌方六神无主，在对垒中找不到北。在实战中，"六神无主"其实是指封死敌方的手、足、肘、膝、肩、胯主要6个部位，使其丧失进攻的能力。

我方在战斗中，则需要做到眼、耳、鼻、口闭合，气沉丹田，达到"四门紧闭"之忘我境界，这是制敌的前提。四门紧闭意即排除杂念，聚合气、形、力等诸多要素，以变化多端的各种打击方法让敌方失去战斗力。

六封四闭时期股票，属于股票生命周期里股价拉升前期，主力为了收集更多的廉价筹码，对原本正常运行的股票进行各种强力打压血洗，在短时间内蓄意制造一次恐慌气氛，让散户恐慌性卖出，主力因此在低位悉数接收这些廉价筹码。

太极拳的六封四闭，运用到股票上，就是主力采取各种手段，制造恐慌情绪，让散户六神无主，失去正常的判断能力，在恐慌中，被迫卖出股票缴械投降，主力因此完成一次洗劫收割。

股市中常见的六封四闭招数，主要有：针刺洗劫、闪崩、炸翻堡垒、勒紧绞索。

下面分别讲解招式。

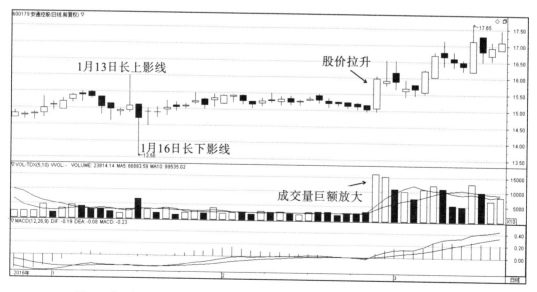

## 第一式

# 针刺洗劫及实战

## 一、针刺洗劫

一只处于上行中的股票，眼看即将加速上扬，当散户们按照正常的均线理念而沾沾自喜参与进去后，某一天股价大幅拉升，中途却出现大量卖盘，股价调头直下，令人深感意外，从而留下一根长长的上影线，更为恶劣的是，次日，股价继续大幅下挫，吞并数根阳线，令投资者恐慌，信心丧失，以为该股出现了重大利空，涨势结束，于是割肉卖出了事，但神奇的是，当天收盘前，股价回升，留下一根长长的下影线，哪知原来，这是主力通过盘中打压，收割了散户们带血的筹码，为该股不久后的上涨打下坚实的基础。

通常在股票上行过程中，连续两日出现长上影线、长下影线，如两根分别刺破天、刺破地的钢针一般，洗劫投资者的行为，我们称之为针刺洗劫。

示意图：

图一　安通控股（600179）2016年12月27日～2017年3月16日日K线走势图

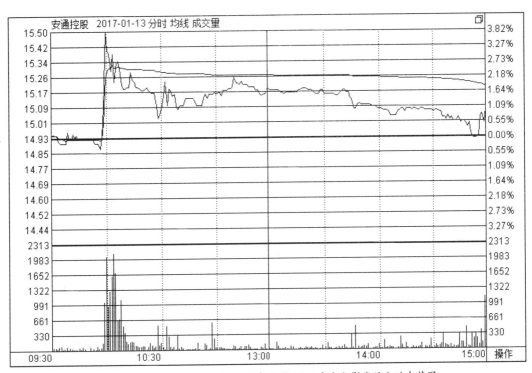

图二 安通控股（600179）2017年1月13日产生上影线的分时走势图

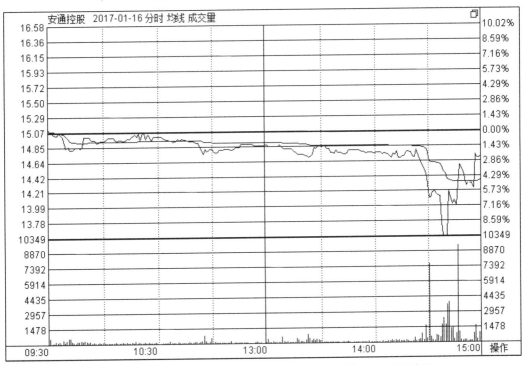

图三 安通控股（600179）2017年1月16日产生下影线的分时走势图

图二中，安通控股在出现长上影线前，走势基本上都还平稳，上涨途中有所回落属正常情况，从形态上来看，投资者会耐心持股（见图一）。

但出现长上影线当天（见图二），以为将突破前高进入拉升，有的投资者可能会激动地追进去，不过拉升后，股价却回落下来，留下一根长上影线，次日（见图三），该股盘中出现了大跌，几乎跌停，把前面的涨幅全部吞没，给投资者造成极大的恐慌，昨日追进去的，或以前参与了的投资者，见此情形以为利空突发，赶紧割肉卖出，此时成交量也随之显著放大，主力正好予以接收，至收盘时，股价又大幅回升，只是小跌而已，投资者经此一恐吓，交出的手中的筹码，为主力收获。

该股主力耐心蛰伏了一个多月后，某一天突然拉升股价，突破前期高点，成交量放出巨量，有套牢盘解套卖出，主力也悉数接收，至此，主力获得足够的筹码，资金也准备充足，开始进入有所作为阶段。

**如何辨别针刺洗劫**

（1）连续两日出现长的上、下影线，是它的显著特征；

（2）这种形态，一般出现在有上涨趋势的股票中；

（3）出现这种形态后，一般不会连续下跌，而是在出现长下影线的次日，股价就企稳；

（4）股价企稳之后，可能会横盘整理一段时间，股价拉升突破前高时，成交量将显著放大，股价即进入主升浪。

◎**实战操作意义**

在出现长上影线当天，股价拉升时，不必追涨，谨慎观望，在当时无法判断次日是否出现长下影线，有可能踏空，不过，这样做更稳妥一些；在次日，看到股价突然大幅下跌，也别急于判断针刺洗劫形态形成，而马上想抄底，再观察几日，看股价是否真的企稳，若是，就可判断前面相邻的两条上、下长影线，即为主力刻意刺探所为。

什么时候参与呢？主力上、下长影线试探后，或并不急于拉升，仍维持缩量横盘整理形态，当看到股价开始有拉升迹象，成交量也显著放大时，才可以参与进去，股价突破前高后，将进入上行通道，成交量也会持续放大。

## 二、案例及应用

### ➡ 实战案例一：长下影线之后出现更低的长下影线

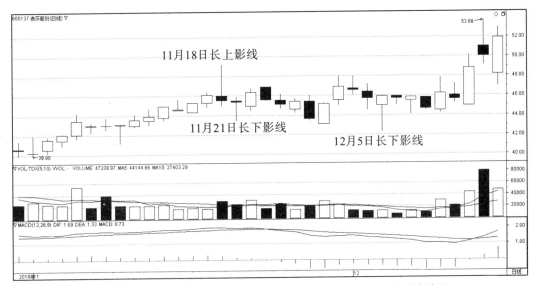

图一　浪莎股份（600137）2016年10月31日～12月15日日K线走势图

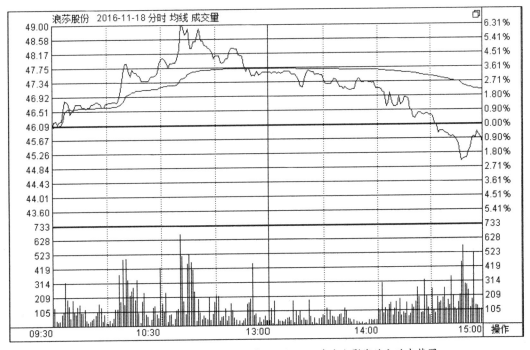

图二　浪莎股份（600137）2016年11月18日产生上影线的分时走势图

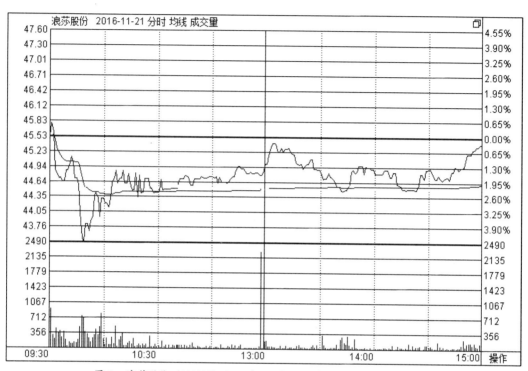

图三　浪莎股份（600137）2016 年 11 月 21 日产生下影线的分时走势图

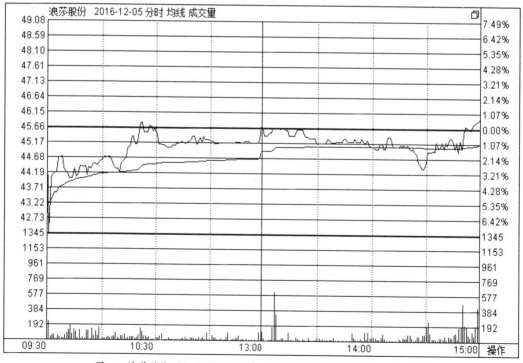

图四　浪莎股份（600137）2016 年 12 月 5 日产生下影线的分时走势图

　　浪莎股份在 11 月 18、21 日连续两日出现长长的上、下影线（见图二、图三），之后该股进入震荡（见图一），在 12 月 5 日，出现了一条比前面那条长下影线位置更低的长下影线，吞没前面一段时间的涨幅，似乎针刺洗劫形态被破坏。我们来仔细分析最后这一条长下影线的具体走势。

　　12 月 5 日这一天的具体走势为（见图四）：早盘平开后，直线跳水至 7.49% 位置，即触底反弹至下跌 3% 位置，震荡半小时之后回升到昨收盘价位置，全天股价被压制在昨收盘价下，这一天的走势，有惊无险，主要是早盘的瞬时下跌，让大家还没反应过来就结束了，所以成交量也不会有什么变化，设想一下，如果大跌持续时间比较长，对持股者将是一个极大的考验，很可能恐慌性卖盘就会涌出，成交量将增大。

　　**为何会股价瞬时大跌又即刻复原？**

　　我们时常在盘中发现这样一个离奇的现象，股价突然瞬间下跌，又瞬间恢复原状，其发生的时间有可能是在开盘后，也有可能在收盘前，有时也会发生在盘中，不论什么时间，都会在 K 线图上留下一条长下影线，这是怎么回事呢？

　　造成这样走势的原因大概主要有：

　　（1）主力操盘手操作失误。如果一只股票，交易时间里各档买盘挂单数量很少，主力机构操盘手操作失误，大单很低价卖出，委托买盘马上逐次被吃掉，出现瞬时快速下跌，当主力机构操盘手发现错误时，立即撤单尚未成交部分，股价立即恢复原状，已成交部分，主力机构只好自认倒霉。俗称"乌龙指"，是指机构操作人员在交易委托的时候，输错了价格、数量、买卖方向等事件的统称。

　　（2）机构之间"对敲"。机构之间事先达成某种协议，A 机构把手中的筹码，交给 B 机构，在某一天，观察买盘稀少的情况下，B 机构预先委托一个很低的买入价格，A 机构再以相同的价格卖出相应的股票，让 B 机构成交。

　　（3）利益输送，主力机构为了输送利益给关键人，在某一天，观察标的股票各个价位的委托买盘很少的情况下，让关键人预先委托一个很低的买入价，主力操盘手再委托输入关键人一样的价格，卖出相应数量股票，让关键人成交，然后股价又迅速恢复原状，这样就达到了利益输送的目的。不过，这种行为受到监管层坚决打击。

　　一般瞬时下跌即刻恢复原状的现象，多出现在个股走势上，不过，也曾有过权重股操作失当造成股指急下急上的情况。

　　**历史回眸：光大"乌龙指"事件致使上证综指瞬间大涨**

　　2013 年 8 月 16 日，上证指数 2075 点低开，窄幅震荡，10 点前出现一波小幅下跌，

10点稳定后基本上维持横盘整理格局，这都属于正常的运行，令人瞠目结舌的是，11点之后，指数突然大幅飙升，成交量巨幅放大，缘于多只权重股突然出现巨额买单，大批权重股遭到巨额资金哄抢，几十只权重股瞬间涨停。指数第一波大涨之后，出现了几分钟的回调，之后在上午收盘前，再度出现更大一波涨幅，最高达到2198点。

此次异常状况立即引起了监管层的注意，肇事者指向光大证券，下午13点，光大证券公告称因重要事项未公告，临时停牌。沪指随后快速回落至正常状态，最终以小幅下跌报收。

在当天收盘后的通气会上，中国证监会表示，"上证综指瞬间上涨5.96%，主要原因是光大证券自营账户大额买入。"

公告显示，光大证券的策略投资部门自营业务在使用其独立的套利系统时出现问题。

据有关媒体后续报道，光大证券策略投资部在内部对一套投资模型进行测试。由于忽视了测试环境为实盘交易系统，测试期间又发出错误的委托，光大证券异常误操作买入上证50ETF，从而触发了市场其他大量量化交易策略跟进委托，引起连锁反应，巨额资金迅速买入相关权重股，导致相关权重股大涨，并引发沪指飙升，在共同作用下，助推造成了这一严重后果。

从下面上证指数日K线走势图上可以看出，2013年8月16日留下一条针刺长上影线，当天成交量明显放大，如果没有发生光大"乌龙指"事件，从当时上证指数正常的走势来看，是处于一个弱势回落的过程，由于本次事件的发生，在A股市场留下了一个绝无仅有的离奇现象。

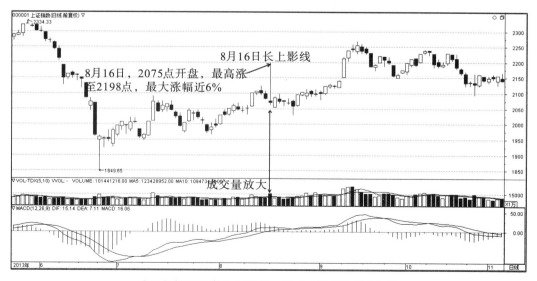

上证指数2013年5月24日～11月6日日K线走势图

**如何在针刺洗劫形态找到参与点**

当股票出现针刺洗劫形态时，不必马上参与，可以继续耐心观察后面的走势，主力一般还会延续一段时间试盘，或震荡，或再出现一条长下影线。

当经历了一段时间后，成交量可能会萎缩到极致，然后股价开始有拉升动作，成交量也开始逐渐增大时，基本上就可以考虑进场了。

➡ **实战案例二：上影线间隔一日的下影线**

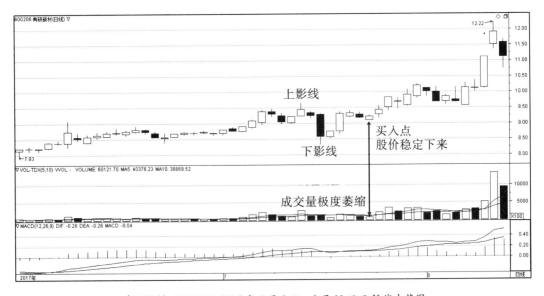

有研新材（600206）2017年6月2日～8月11日日K线走势图

如上图所示，有研新材从底部缓慢上行，经过一段时间，上行速度刚有加快迹象，却遇阻短暂回落，之后再次上冲超过前面高点，又冲高回落，留下一条上影线，成交量放大，表明抛压大，休息一天后，股价大幅下跌，把近期上攻的利润空间吞没，不过遇到了抵抗，留下一条下影线，次日股价企稳，此时成交量极度萎缩，第二天，一条大阳线收复失地，把前天留下的大阴线收复，一举扭转了市场形势，随后的交易日里，股价开始稳步上升，成交量开始逐步大幅放大，特别是到后期，股价大涨拉升，形势大好。

该股的特点是，上、下影线不太长，并且这两根影线中间间隔了一条小阴线，但它仍然是一个针刺洗劫形态。该股票稳妥的买入点如图所示，在股价已恢复稳定的情况下，观察成交量是否极度萎缩，如是，就可以考虑参与了。

# 闪崩反转及实战

## 一、闪崩反转

闪崩，顾名思义就是一下子崩溃的意思。原本运行正常的股票，主力在某一天，在盘中通过突然大量抛出手中筹码，连续击穿各个委买价，直至该股无人再敢买入，而前期已买入者，看到股价已跌破前期低点，以为大势已去，于是割肉卖出，而主力却在低位尽数接收这些筹码，为不久的拉升做准备。此种突然大幅下跌，就叫股票闪崩。

一只股票正常运行时，一般投资者都可以通过技术形态进行基本的分析判断其未来趋势，但即将拉升股价的主力一定会打破常规，破坏技术形态，赶出股票持有者，让自己获得更多的廉价筹码。股票闪崩就是主力打破常规的一种操作方式。

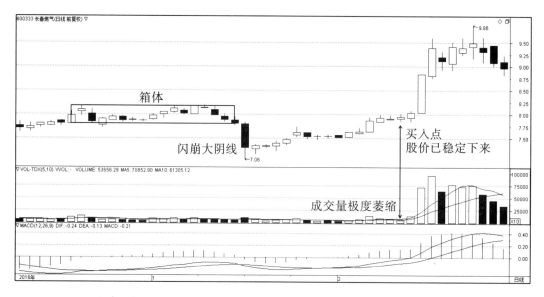

长春燃气（600333）2016年12月14日～2017年2月27日日K线走势图

本节分析闪崩反转形态股票的前提条件是：整个股票市场运行正常，不是弱势阶段市场，市场上闪崩个股不常见，闪崩股票的基本面正常。

如上图所示，长春燃气出现闪崩大阴线前，其技术形态都还正常，股价处于箱体运行中，但突然出现一条大阴线，打破下箱底支撑，盘中几乎要跌停，让人吓出一身冷汗，有人就会割肉卖出，交出筹码，不过尾盘时，遇到抵抗，股价有所回升，这股抵抗的力量主要来自主力机构，大跌是主力刻意打压，其意图是赶出持股者，以便在低位接收这些低位卖出的股票，收盘时，留下一条较长的下影线。（见下图）

次日股价企稳，连续缓慢上行一段时间后，股价回升到突破前高位置，此时，成交量极度萎缩，面临变盘的可能，当主力选择突破时，股价大幅拉升，成交量也巨额放大，看来主力开始发动进攻了。在主力拉升、成交量放大时，适时参与，将获得后续拉升的收益。

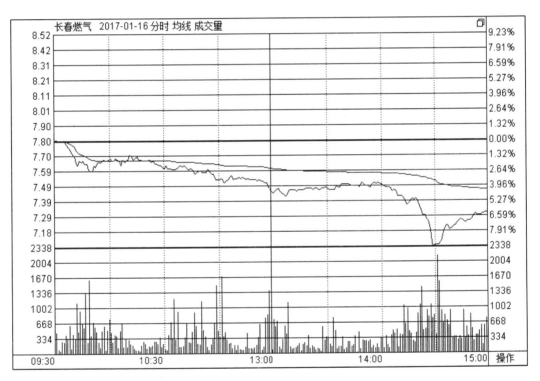

长春燃气（600333）2017 年 1 月 16 日闪崩当日分时走势图

◎闪崩实战操作意义

当发生闪崩时，不能马上参与，只有股价马上企稳，并且股价回升运行一段时间后，才大致可以判断是否反转；当股价趋势向上，一般在十字星出现的次日，量价齐升时，参与进去就比较稳妥；当股价脱离盘局，突破闪崩前高点时，未来将有一段持续上升的行情。

## 二、案例及应用

### ➡ 实战案例一：闪崩后十字星变盘

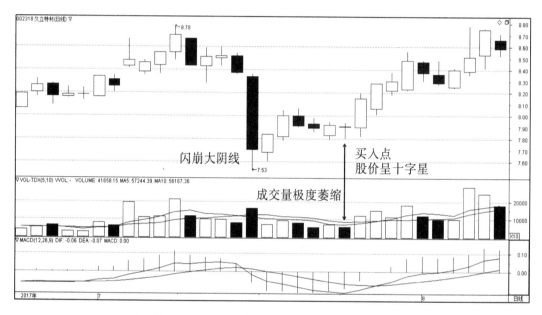

久立特材（002318）2017年6月26日～8月8日日K线走势图

上图显示，久立特材闪崩前，运行正常，闪崩当日（见下图），开盘后即快速下跌，几乎跌停，此时成交量巨额放大，占了当天成交量总量的大部分，说明很多投资者受到了惊吓，抛盘汹涌而出，股价直奔跌停，不过，随后主力机构在低位承接抛盘，股价有所回升，全天大部分时间维持在下跌6％位置，尾盘时有所下降，次日，股价企稳回升，延续几日后，出现一个十字星，预示变盘在即，此时成交量也极度萎缩，后随着成交量放大，股价大涨，在随后的交易日里，股价持续上涨，涨至即将突破前面高点时，回落一下，让人心里不踏实，随后主力发动进攻，拉升股价，成交量明显放大，一举突破前面高点。

该股较佳的买入点是在底部回升出现十字星时，而稳妥的买入点则是次日股价拉升、成交量放大时。

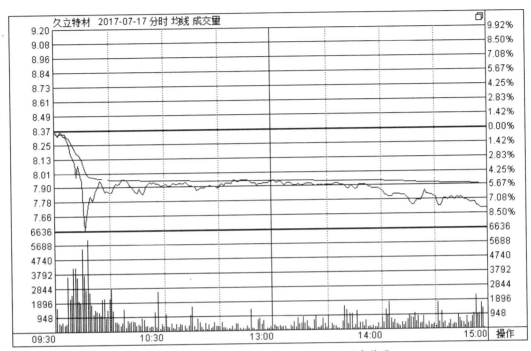

久立特材（002318）2017 年 7 月 17 日分时走势图

### ➡ 实战案例二：闪崩后股价回升收复失地变盘

如下图所示，新纶科技闪崩前，运行平稳，闪崩当天（见其分时图），早盘出现快速下跌，几乎跌停，把前段时间累积的涨幅一口吞没，成交量放大，恐慌性抛盘涌出，

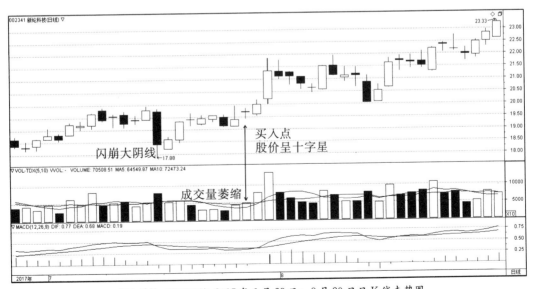

新纶科技（002341）2017 年 6 月 28 日～8 月 29 日日 K 线走势图

不过主力即刻予以接收，股价马上回升，收复了 5 个点的跌幅，之后，全天维持低位震荡行情，收盘时下跌 7％，次日股价企稳，回升到接近闪崩前位置时，横盘整理了几个交易日，到出现十字星时，股价涨到前面高点位置，成交量萎缩，面临突破。

次日，涨幅、成交量开始增大，下一个交易日，股价大幅拉升，成交量极度放大，前高被一举突破，从此，该股脱离盘局，走上了趋势性上涨通道。

该股的买入点，是在闪崩之后，股价回升运行了几日，出现十字星的次日，并配合成交量放大，股价涨势明显时。

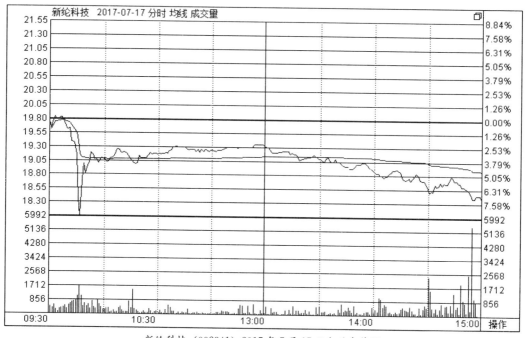

新纶科技（002341）2017 年 7 月 17 日分时走势图

**闪崩实战注意事项**

一、当发生闪崩时，因杀伤力较大，不得立即参与，只有次日股价企稳，并且连续回升运行一段时间后，才大致可以判断是否值得参与；二、当股价趋势向上，有十字星出现的次日，量价升齐时，是好转征兆；三、当股价脱离盘局，突破闪崩前高点时，上涨趋势明确，未来可能会有一段持续上升的行情；四、底部或起涨阶段的股票出现闪崩的概率较大，股价有可能继续大跌，应特别小心；五、弱势阶段市场，随时有可能出现闪崩个股，应特别注意、提防、远离。

**为何市场会出现偶发性集体闪崩**

现在的股票市场，在特定时候，我们会看到这样一个非常奇特的现象，原本正常运行的股票，突然集体直线跳水跌停闪崩，让人完全反应不过来，这跟 2015 年 6 月份以前的市场有很大的不同。以前的市场也有急跌行情，但很难看见突然跳水跌停的个股，更别说大面积跌停出现。

为什么现在的股票这么脆弱，一出问题就砸跌停闪崩呢？

我们从 2015 年 6 月份的股灾说起吧。

2014 年下半年，沪指在持续下跌了 5 年之后，逐步从 2000 点慢慢上行，市场开始逐渐好转起来，没过多久券商板块活跃起来，从历史经验来看，券商涨，一般都意味着整体市场向好。券商涨，都是整体出动，而且涨势迅猛，因券商板块权重大，直接影响大盘指数，券商的持续活跃，直接刺激了人气持续旺盛，上涨行情持续到 2015 年 6 月 12 日，A 股到达最高点 5178.19 点。

这波行情跟以往任何时期相比，有显著的不同。2015 年上半年的牛市，是国内股市投资者第一次用杠杆式押注参与，而早在一年前，管理层当时推出的融资融券业务，投资者可以获得 2 倍的融资，因为是新生事物，很多人不熟悉不了解，再说也没有行情，推出这项可以融资的业务实际上也没多少人真正参与。

当大家看见沪指、券商越涨越好，牛气冲天时，融资融券业务成为投资者普遍标配，证券公司额度很快用完，后面想参与的，根本没办法满足，而市场上配资公司、信托公司融资业务异常火爆，当时市场的普遍现象是，一般投资者不惜以 5 至 10 倍的杠杆在民间配资公司借贷融资，机构投资者同样以超高的倍数向信托公司配资，这样，越来越多的资金源源不断投入股市，持续助推指数上涨不回调，股市一片沸腾，但这是虚胖，如果哪一天资金跟不上了，股市下跌，将会出现集体抛售，夺路而逃的踩踏事件将就此发生。想一想，新增资金会永远持续下去吗？深入一想，真是不寒而栗啊！2015 年 6 月初，监管层发出了预警，强调高杠杆借贷资金进入股市不可行，必须去杠杆。投资者去杠杆，意味着所有融资投入股市的资金都要撤出，大额抛盘涌出，这股市将瞬间大跌。

6 月 15 日开始，股市大跌，最先跌破平仓线的是 10 倍杠杆融资的账户被强制平仓，相关股票立即闪崩跌停，大盘指数继续大跌，随后 9 倍、8 倍、7 倍，一直到 2 倍的杠杆融资账户，逐次爆仓逐次被强制平仓，相关个股逐次闪崩大面积跌停，当时发生闪崩的时间点，都发生在神奇的下午 2：30。

在 7 月 6 日这一天，我们看到了 1000 多只股票跌停奇观，紧接着 7 月 8 日，有 1300 多只股票紧急停牌，导致了市场流动性枯竭，市场陷入极度恐慌。至此股灾近 1 个月时间，上证指数跌幅为 32％，深证成指跌幅为 40％。

2018年1月31日，A股市场又经历了一次百股闪崩跌停奇观。

在2017年12月底到2018年1月底1个月时间里，沪指从3307点，一路涨到3587点，大涨8.46%，上涨的受益板块主要是大盘蓝筹股，如银行、保险等，同期大部分中小创板块股票却是一路下跌的。当沪指表现越来越好时，管理层对金融去杠杆的要求又开始日渐严厉。

这次清理对象，主要是针对机构在信托的配资，而美股的暴跌，直接引发了全球金融市场的恐慌情绪，包括国内市场的大跌，触发了加杠杆信托融资股票爆仓强平，一些有质押融资的股票暴跌，又触发股东股权质押股票的强平，这类股票主要集中在小盘股，当时大家关注更多的是大盘蓝筹股，这些小盘股却没多少人关注，流动性少，现在大量卖单涌出，没有承接盘，于是直线跌停。

以上两个都是去杠杆触发系统性风险，导致集体闪崩事件发生的案例。

在流动性不足的情况下，一旦个股出现利空因素，资金将集体出逃抛售，连续击穿各个委买价，最后跌到跌停板位置，闪崩就此出现，而一旦闪崩，股价重心可能会持续下移。

**如何防范闪崩**

（1）要对个股抱有敬畏之心。应认真研究公司的基本面，查看公司历年的财务报表是否健康，公司的社会形象是否良好，公司行业大环境是否向好，整个行业处于什么样的业绩水平；

（2）远离问题股。社会媒体有揭露、质疑的公司，最好远离，我们没有条件自己去调查公司情况，搞不清楚公司的好坏，就别认死理，宁信其有，第一时间退出这些股票，提前逃离"闪崩"问题股；

（3）远离妖股。一些走势怪异的股票，或者只是蹭热点题材、无业绩支撑、市盈率奇高的股票，其价格全靠庄家炒作上去，一旦出现问题，庄家很可能夺路而逃出现闪崩；

（4）提防弱势市场股票。在弱势市场，股票都处于下跌中，少数股票缩量横盘，感觉已到底部，也有个别股票突然拉升一两天又阴跌回去，而更多的股票是，突然闪崩大跌，而且是连续大跌；

（5）当系统性风险来临时，须果断清仓。系统性风险是不以人的意志为转移的，来势迅猛，几乎所有的股票都会快速下跌。现在很多机构的技术手段非常先进，设置了程序化自动交易，当下跌触发了设定值时，系统自动大额卖出，当众多机构自动卖出时，就会产生大面积踩踏闪崩跌停，如果是加了杠杆，或股权质押，这种风险将加速形成。投资者应有这样的意识，当所有股票都开始加速下跌时，应果断清仓了结。

第三式 ◖◗ ●●

# 炸翻堡垒及实战

## 一、炸翻堡垒的原理

从股票形态上看，一般反复构筑的平台是比较牢固的，不容易轻易被打破，如果被打破，很可能即将发生变盘。

股票炸翻堡垒即是主力为了以后的拉升，先打破投资者对平台的稳定预期，而故意抛出大量筹码，使股价快速下跌到跌停，让投资者误以为利空袭来，而交出手中的筹码，而主力在低位接收这些筹码，随后上攻。

示意图：

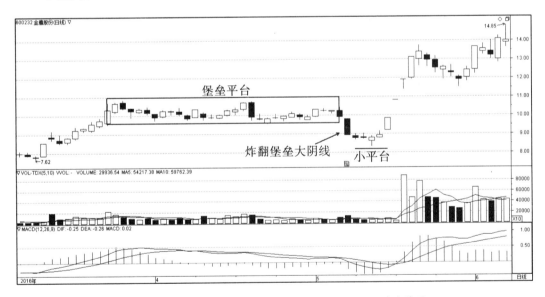

金鹰股份（600232）2016 年 3 月 9 日～6 月 7 日日 K 线走势图

如上图所示，金鹰股份大底部上行之后，以 33 个交易日时间，构筑了一个堡垒平台，在这个堡垒平台上，主力用一条大阴线进行了一次测试，不过没有破坏前面的平台，之后该股继续构筑平台，最后，主力以跌停的方式打破这个堡垒平台。成交量放大，说明有恐慌性抛盘（见下图）。

主力打跌停之后，也不敢在随后的交易日继续往下打，一是主力需要保持一定的筹码；二是如再往下打，担心有人在低位吃货，为别人做了嫁衣裳。主力这样做的意图，只是为了驱赶一下不坚定的投资者而已，并不会用力太猛。

因此，主力炸翻堡垒之后就及时收手，在低位用 4 个交易日的时间构筑了一个小平台，暂时停留，之后主力在早盘突然拉涨停，成交量没有放大，说明市场完全没有反应过来，主力成功地搞了一次偷袭，随后，连续 3 天涨停，令人叹为观止！

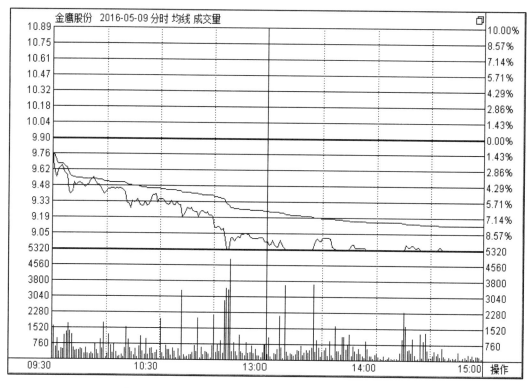

金鹰股份（600232）2016 年 5 月 6 日炸翻堡垒大阴线分时走势图

**炸翻堡垒的实战做法**

（1）欲拉还跌，先打破堡垒的稳定性，让投资者失去信心，交出筹码；

（2）炸翻堡垒非常坚决，以跌停封死的方式，令人绝望；

（3）拉起来非常坚决，以早盘快拉涨停封死的方式，不给更多人搭车参与的机会；

（4）随后两个一字涨停板，让人望洋兴叹！

## 二、案例及应用

### ➡ 实战案例一：改变堡垒平台预期

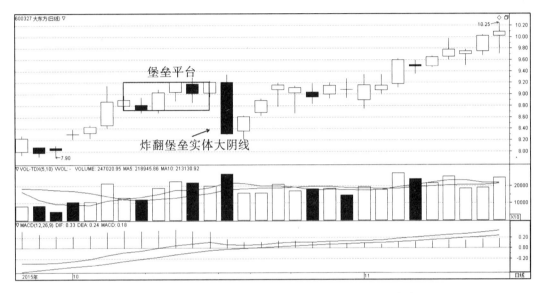

大东方（600327）2015 年 9 月 28 日～11 月 12 日日 K 线走势图

如上图所示，大东方用 6 个交易日构筑的堡垒平台，从趋势上来看，感觉将继续上行，但主力却以极端跌停的方式告诉市场，风险已至！

于是，抛盘涌出，成交量放大，主力予以接收，次日，主力就不再按惯性下跌的套路出牌，而是把它稳定下来，随后，以连续阳线的方式，缓慢涨过前面的堡垒平台，一路上行。

**为什么要打破堡垒平台再上行**

当主力真正想做一只股票，但手中筹码不够，前期参与人又较多时，主力是不甘心的，就会想方设法把已上车的投资者赶下车，自己好在低位再吃进这些投资者卖出的筹码，自己的筹码多了，参与人少了，便于控盘拉升，获得更大的利润。

### ➡ 实战案例二：两次炸翻堡垒平台

下图显示，美好置业构筑了两次堡垒平台，大平台以 24 个交易日构成，小平台以 12 个交易日构成；第一次炸大平台，以几乎跌停的方式进行破坏，第二次只跌了 5％；

第一次大跌，成交量放大，第二次小跌，成交量没多大的变化，说明第一次大跌时，有恐慌盘涌出，第二次小跌时，就没多少恐慌盘卖出了，表明该卖出的都卖出了。

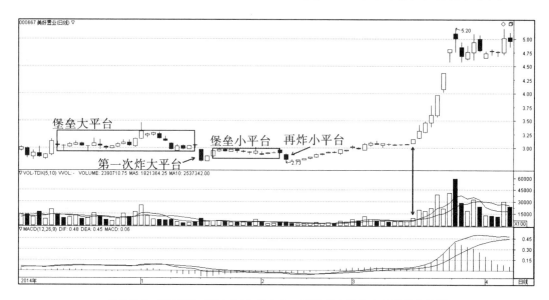

美好置业（000667）2014年12月4日～2015年4月8日日K线走势图

俗话说，兵不厌诈，该股主力使用了两次计谋。第一次先使重力炸掉大平台，打破投资者的幻想，然后构筑一个比较弱的平台，又再次炸掉，这一次略为用力即可，因为现在浮动筹码经历第一次轰炸过后，已经所剩无几了。

连续轰炸两次之后，主力掌握了主动权，开始悄悄以连续小阳线的方式上行，慢慢磨到小平台高点，这里的一些套牢盘解套出局，成交量开始有所放大，主力在准备突破前面大平台前，再小心翼翼地连续4个交易日收十字星，横盘观察，发现并没有异常，于是主力就开始拉升了，拉升力度一次比一次大，到最后，连续跳空涨停，成交量持续巨额放大，回头看，远远把两个平台踩在脚下。

主力通过两次炸平台，掌握了该股的筹码情况，有的主力一次便得逞，有的主力需要使用多次反复轰炸才能得逞，不管其手段如何，都是为股票后续的大幅拉升做充分的战略准备。

### 如何寻找交易机会

既然炸翻平台之后，会有一段很不错的收益，就值得我们积极寻找机会参与。

通过上面的案例大家看到了，主力在实际操作中，会使用很多手段达到目的，先构筑平台，再炸翻平台，一次不够，再构筑一个平台，再次进行轰炸，如有必要，主力还会多次重复进行轰炸，目的就是尽可能多地赶跑持股者，为拉升做准备。

在第一个平台构筑时，一般不会发现主力意图，当出现平台破位大跌时，我们可以跟踪了，若股价逐步回升到平台高点，并慢慢释放成交量，就可以考虑参与了；若股价大跌之后，回升一点，没有超过平台高点，又构筑一个平台，可试探性地参与一点，当再次出现跌破后面这个平台底部，股价一旦企稳，就可加大仓位进场，坐等股价回升，收获先涨过后面平台高度，再涨过前面平台高度的利润。

**炸翻平台打法的启示**

主力发力炸翻平台，是为了打掉持股者的信心。

主力炸翻平台以凌厉短促的方式进行，显得势大力沉，让一些投资者惊慌而卖出股票，当主力达到目的后，即会转而马上稳定股价，再慢慢磨上去，逐步放量突破前面平台高点，后续再发力拉升。

主力炸翻平台的手段告诉我们，一要学会观察平台的稳定性和平台被破坏之间的关系，不要轻易被突如其来的破坏迷惑；二要学会观察交易机会，炸翻平台都是以很短促的方式完成的，在平台被炸掉后，交易机会反而会浮出，此时应是考虑适时进场的时候了，而不是逃命。

当主力完成炸翻平台动作后，主力将展开一波不错的上涨行情，越到后面，拉升可能越快。

## 第四式

# 勒紧绞索及实战

一、勒紧绞索

勒紧绞索，是以连续下跌并且跌幅越来越大的方式，逼迫持股不坚定者交出筹码。

股价经过下跌后逐渐回升，投资者的预期慢慢增强，但股价没涨多久，一次连续下跌，并且有跌破前面这段涨幅的可能，形态变坏，继续持股，感觉有一根无形的绞索在勒紧，令人窒息，很多人就会选择卖出了事，但奇怪的是，一个急跌后马上就不再下跌了，而是以连续上行的方式，慢慢涨过前面高点并继续上行。

示意图：

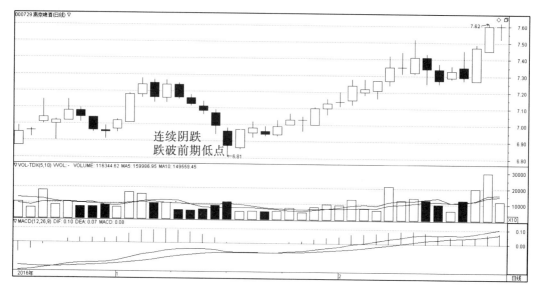

燕京啤酒（000729）2016 年 12 月 21 日～2017 年 2 月 22 日日 K 线走势图

上图显示，燕京啤酒股价原本从低位曲折上行，但主力以连续 5 天阴线的方式，改变了它的上升形态，最后一条阴线跌穿了前期最低点位置，令人丧失持股信心，成交量也随之放大，投资者被迫交出筹码。

我们分析发现，虽 5 天连续下跌，其实下跌幅度并不大，最后一天最大的下跌幅度也才 2.5%，关键是这一天下跌跌穿了前期低点，让投资者产生了恐慌情绪，只好争相卖出，从而成交量也比前几日更大，至此，主力的目的已达到，于是从次日开始，股价连续以小阳线的方式缓慢回升，在不知不觉中，越走越高，并超过前期高点继续上行。

**勒紧绞索的形成方式**

以连续阴线的形式进行，最主要的是下跌幅度持续加大，并且破坏掉前面的重要技术形态。

一天、两天、三天、四天连续下跌或许投资者能扛过去，但眼见自己前期参与时的利润逐步被蚕食掉，特别是当看到股价跌破前期最低点时，就彻底崩溃了。主力就是这样，以勒紧绞索的方式，让投资者产生崩溃窒息情绪而卖出，主力因此收割到廉价筹码。

## 二、案例及应用

### ➡ 实战案例一：跌破前期低点制造恐慌

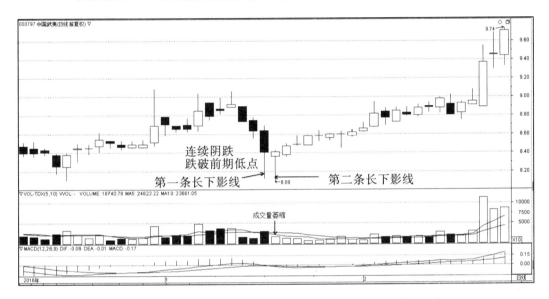

中国武夷（000797）2016 年 12 月 14 日～2017 年 4 月 11 日日 K 线走势图

上图显示，中国武夷从底部缓慢上行，形态较好，但连续出现 3 条阴线，特别是最后这一条阴线，当天出现大跌，破坏掉从底部涨上来的这一段利润，让仍持股的所有参与者都亏损，不过收盘时，遇到抵抗，股价回升，在图中留下第一条长下影线，但次日，该股再次大跌，跌幅超过前一交易日，投资者经过这两个交易日的打击，不坚定者，亏损出局。

不过，神奇的是，第二条长下影线是以阳线收盘，且成交量是萎缩的，说明在如此低的价位已无多少卖盘，主力是很容易把股价推上去的。

主力就是这样一步一步给谨慎投资者勒紧绞索的。

主力通过这样的方式使成交量极度萎缩时，说明不坚定的投资者已得到清理，就把股价稳定下来，慢慢往上磨，最终突破前期高点上行，成交量也逐渐增大。

➡ **实战案例二：勒索后缓慢爬升**

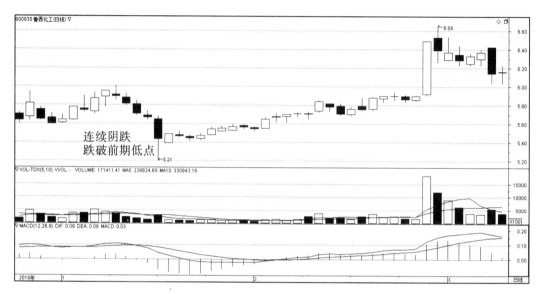

鲁西化工（000830）2016 年 12 月 27 日～2017 年 3 月 8 日日 K 线走势图

如上图所示，鲁西化工前期刚有点上升苗头时，连续出现 5 条阴线，让人产生怀疑；最后这一条阴线，盘中最大跌幅达到 7.9%，一下跌破前面低点位置，让人恐慌，此时成交量放大，显然是投资者恐慌卖出，主力在低位接盘，收盘时，股价有所回升，此为主力吃货所为。

次日，股价企稳，连续小阳线缓慢回升，到前面高点时，主力发力，接收套牢盘，成交量巨额放大，涨停突破。

**勒紧绞索特征：**

（1）连续阴跌，每一天的跌幅都不大，一步一步跌破前期低点；

（2）跌破前期低点时，成交量应放大，次日止跌；

（3）随后股价以连续阳线非常缓慢地上行，成交量萎缩；

（4）突破前期高点，股价大涨，成交量巨额放大。

## 小 结

本部分主要讲述针刺洗劫、闪崩、炸翻堡垒、勒紧绞索四种形态。投资者可利用其短暂的下跌机会伺机参与进去，获取后面不错的收益，有刀口舔血的意味，对参与者有较高的要求：必须是激进投资者，能承受高风险，行动果断，技术分析能力强。一般投资者还是小心谨慎为好。

针刺洗劫形态发生时间短暂，上拉下打，往往两个交易日就完成。主力上拉，是为了吸引更多人跟风，次日立即往下打压，让昨日跟风者惊慌逃离，主力完成一次收割，当股价开始转为上行时，投资者反而心存疑惑，不敢参与了，主力轻松上行。

闪崩形态，是个股突然跳水大跌，然后马上股价止跌回升，在随后的交易日里，股价都是处于回升状态，不再出现闪崩现象。闪崩是一种极端行为，主力不可经常使用，更不会连续使用，否则对投资者的打击是非常大的，以后主力要想再推升股价是非常困难的。

炸翻堡垒形态，是打破投资者向好的预期，让原本稳固的技术形态发生变形，主力一次破坏度不够，就继续破坏，这种破坏次数一般不会太多，但当破坏发生当时，一定是势大力沉，跌幅很大，如多次出现这种破坏，其破坏力度应是呈递减状态的，在末期，往往预示将反转。

勒紧绞索形态，是一步比一步更大跌幅加重投资者的亏损，就如勒紧脖子，让人产生恐惧。主力使出的最后一招极其厉害，最后股价将跌破前面低点位置，让人产生无支撑的感觉，看到的和想到的，是未来无法预知的悬崖和黑洞，令人窒息。一般主力使用勒紧绞索形态，一次能达到目的。

上述四种形态中，最令所有投资者恐惧的是发生系统性风险时出现的闪崩。

系统性闪崩一旦发生，在现在机构策略和交易技术自动化的情况下，下跌一旦触发预先设定的平仓值，电脑将瞬间自动委托卖出。试想，机构都在同一时刻大额卖出，股价不就直接打到跌停位吗？今天不能卖出，明天接着卖出，又是大跌，形成恶性循环。

这就是现在当系统性风险发生时，众多股票集体闪崩跌停的原因。这种特殊现象情况下保命的操作策略是：果断及时毫不犹豫清仓，无论手中股票亏损还是盈利，也不论手中股票质地好坏。

# 闪通背：出其不意，闪击个股

闪通背，是一种贴身战法，其双臂动作如扇面一样打开，攻击敌手侧后背。从形态上看，感觉像摔跤，但却是用上了太极拳拳法的内功，以脊背为枢纽在左右手臂之间像闪电一样快速来回发劲，感觉有一股强大的气流紧贴脊背，这是没有练过内功的人无法想象的。

太极拳拳法里的闪通背基本动作是这样的：弯腰，起身上步，成左弓步，左手立掌，可对付武功一般的敌手，如果棋逢对手，敌方反应快速的话，如他退步，你则立即靠上去，再退再靠，极速步步紧逼，不信靠不死他。

本招数的前提条件是，我方反应必须比敌方更为迅捷，这样才能逼迫敌方进入死角，根据敌方的招数，迅速应对。

闪通背股票，在股票生命周期里是一种局部战法，它是在分时走势图上即时捕捉战机的一种超级短线技法，更加强调盯盘的嗅觉和操作的灵敏度，盘中机会稍纵即逝，容不得半点迟疑。

分时走势图实时反映当天股价、成交量每时每刻的运行变化情况，刻画出或急或缓的线条，如果正常运行的线条发生突变，主力要搞突然袭击的意图曝光。这就为我们提供了紧贴主力战斗的绝佳机会，因事前有准备，立即操刀跟随上车或下车。

股市闪通背在分时走势图上的运用，主要有这样几种情况：冲击波、脉冲波、瀑布波、杀跌波、尾盘变脸波。

下面分别讲解招式。

第一式

# 冲击波及实战

## 一、冲击波

冲击波，顾名思义就是发起一波冲击的意思。

一只股票原本在分时走势图里走势平稳，无大涨，也无大跌，但某一时刻突然间股价以 60 度以上的斜率急拉 5％以上，成交量也急剧放大，这意味着主力准备开始炒作这只股票了。冲击波一般在早盘出现的时候比较多。

示意图：

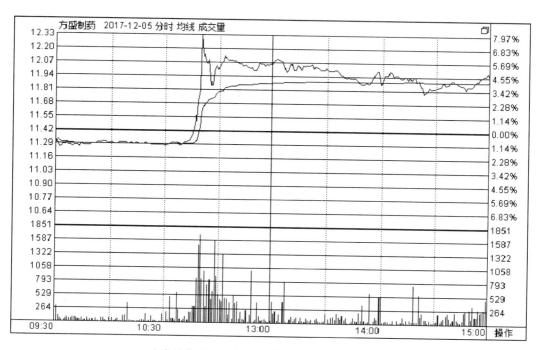

方盛制药（603998）2017 年 12 月 5 日分时走势图

上图显示，方盛制药在 10：40 之前，股价一直在低位横盘运行，成交量偶尔有大单，10：40 之后，成交量巨额放大，股价一下以 80 度的角度急拉了 10 分钟，最高点涨幅近 8％，拉得这么急迫、成交量这么巨大，显然是主力所为。

**如何提前发现冲击波直拉股票**

这样的股票，看日K线走势图是很难分析出来的，只能在分时走势图实时看盘跟踪，而且需要长期跟踪才能捕捉到。不过A股市场3000多只个股，谁也盯不过来，只能选择自己熟悉的，长期关注的个股盯盘。

盯盘的过程很枯燥乏味，对于急躁的人来说，是很痛苦的，天天盯着盘看，如果盘面变化不大，没什么起伏，就没什么机会，长期如此，是很考验人的。打个比喻，盯盘很像钓鱼，谁知道鱼儿什么时候上钩，鱼漂什么时候动一下呢，水面一直没有动静，你就耐心等吧！

如果看到分时走势图成交量开始增大，而且是持续增大，股价也开始有上涨的迹象，说明有"鱼儿"了，此时，你就得准备买入了，当看见一直横盘的股价拉了1%以上，成交量也是数倍持续放大，就不要迟疑，要果断参与进去。如果动作慢了，很可能就直线拉上去了。

**参与后何时卖出**

何时卖出需要结合日K线走势图来分析。（见下图）

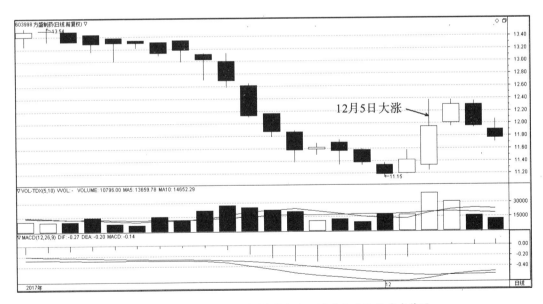

方盛制药（603998）2017年11月9日～12月8日日K线走势图

我们看到，这只股票从高位横盘了一段时间，然后出现连续下跌，成交量也比较大；连续大幅下跌后，跌幅趋小，成交量也开始萎缩。止跌后，在12月5日盘中突然直线拉升，成交量巨额放大，不过冲高遇阻回落，到收盘时，大涨4.8%。

该股在底部出现放量大涨，但在冲高的过程中又回落了下来，遇到前方套牢盘解套卖出，也可能是主力做一次短炒，前两日，主力在低位买入，这天大涨吸引跟风者买入，自己再把手中的筹码卖给跟风者。

如果短线投资者在 12 月 5 日这天刚开始上拉，成交量也随之增大时参与，那么该股冲高后回落，说明抛压重，次日还是应卖出为宜，不宜久战，短线有所收益就好。

二、案例及应用

➡ **实战案例一：冲击涨停回落**

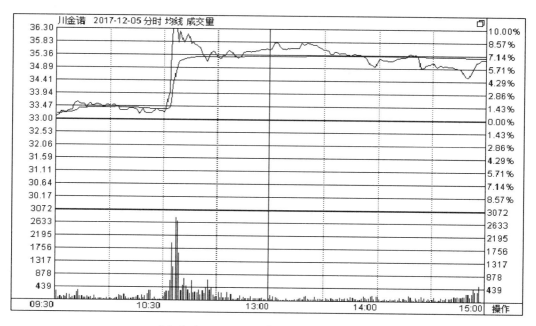

川金诺（300505）2017 年 12 月 5 日分时走势图

分时图所示，川金诺开盘后，原本走势平稳，在 10：30 后，急剧拉升，6 分钟时间即拉涨停，可见主力心情之急迫，力量之强悍。不过在涨停位置只停留了两分钟，随后回落，至收盘时，股价一直在高位震荡，最终收涨 6.6%。

分析它的日 K 线走势图发现，它属于超跌反弹。

该股经历了两波下跌，前面一波下跌，先急后缓，稳定后有所回升，但紧接着又迎来一波较大的下跌，仍然是先急后缓，在底部构筑了一个横盘小平台后，再次大跌，这次大跌，成交量与前一日极度萎缩的量能相比，增长不多，说明恐慌性抛盘已不多。

128

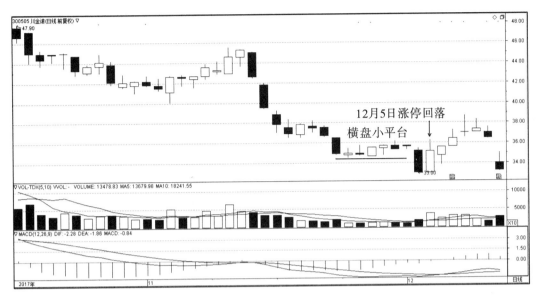

川金诺（300505）2017年10月17日～12月20日日K线走势图

次日，该股横盘整理了1个小时后，拔地而起，冲涨停后稍有回落，收复前一交易日失地，股价回到最近一个平台位置处，成交量大幅增加，股价或还会涨一涨。

在大涨前，发现底部中的股票出现大幅下跌而成交量并没有特别增大时，可考虑是主力故意诱空，短线投资者可仔细辨别，如在随后的交易日里，发现有突然拉升的行为，即可大胆参与，但也仅仅是做短线交易，后续股价有所涨，要考虑卖出。从该股的情况来看，它反弹上涨了几天后，出现跳空下跌，这是比较危险的。

**下跌途中的股票如何博差价**

一般下跌途中的股票，空方力量都比较强大，由空方转为多方，难度都很大，一般股票好转都是空方力量耗尽，不再下跌，然后缩量弱势盘整一段时间，再慢慢向好。

当底部中的股票分时走势图出现冲击波时，可及时参与，但期望不能过高，次日或未来几个交易日里，就得考虑卖出。

**➡ 实战案例二：冲击大涨，马上大幅回落**

下图显示，中信重工开盘后，横盘整理，在10：30后出现冲击波，最高涨了5.14％以上，不过随后快速回落，全天大部分时间维持横盘整理格局，至收盘时，只上涨了1％多一点。

129

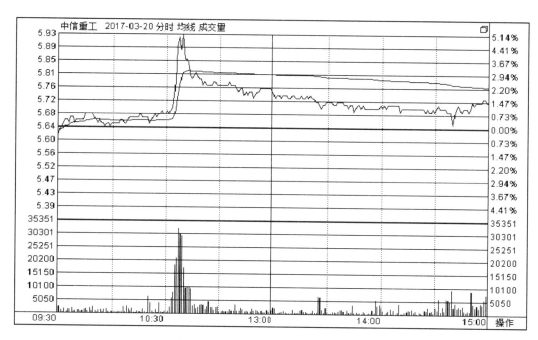

中信重工（601608）2017年3月20日分时走势图

如果投资者是在股价拉了1%以后参与的，当天几乎就没有什么收益，不由会对次日感到担心。

我们结合该股的日K线走势图来分析。

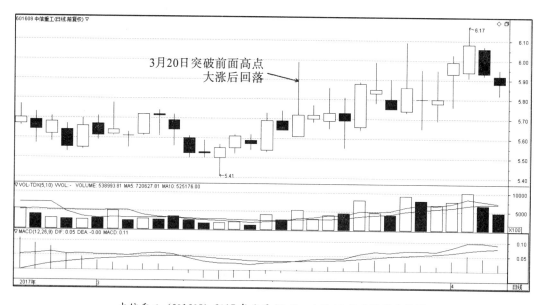

中信重工（601608）2017年2月22日～4月10日日K线走势图

上图显示，中信重工横盘了 1 个月，股价小幅回落之后很快又回到了它原本的横盘位置，3 月 20 日这一天产生的冲击波，是主力准备突破该股的横盘状态产生的，日 K 线上留下一条较长的上影线，说明上涨遇到了较大的阻力。

该股一直以来的走势都是窄幅整理，一般这种形态走势很顽强，股价不容易脱离这种形态，3 月 20 日当天破位大涨前后走势跟以前一样，意味着未来的走势也不大会马上改观，未来，只有抓住股价再次上冲的机会做差价，短间获利不会很大。

**当天参与了冲击波股票无收益，怎么办**

这需要结合日 K 线走势图来分析，如上图所示，对于横盘中的股票，不用太担心，可以留一下，股价终会往上走；如果日 K 线走势图股价的趋势是处于下行中的，则次日无论涨跌，还是应卖出，不用过多留恋。

**如何鉴别冲击波的强弱**

发生的冲击波，如果在极短的时间内涨停，并且牢牢封死，这样的冲击波是非常强悍的，次日，将会延续这种强势，继续往上冲；如果冲击波冲上去后马上又大幅回落，说明上方遇到了强大的阻力，后市继续上行有较大困难，这种冲击波就比较弱；如果冲击波冲上去后回落幅度不大，全天维持一个高位横盘震荡的态势，就属于比较强势的，次日，应还会上行，有获利了结的机会。

**注意事项**

当出现冲击波时，需要果断出手，如果错过了第一时间参与，就要放弃，别追涨在比较高的位置，否则，如果次日该股不继续往上涨的话，股价回落，短线是极易发生亏损的。

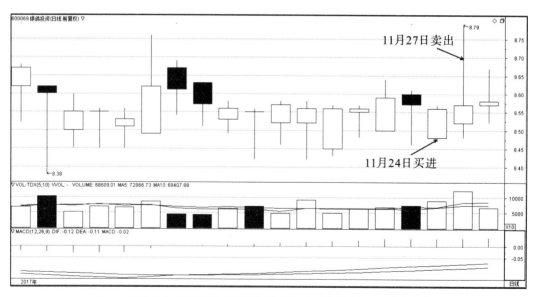

第二式 ◉ ●●

# 脉冲波及实战

## 一、脉冲波

一只股票一段时间以来，其每天分时走势图的股价都像心电图一样运行，振幅在1％左右，突然某一时刻，脉冲一下，可能在2％左右，这种短小的机会，也可以抓取。心电图走势股票波动幅度不大，一旦股票出现这种走势，一般都会维持较长时间，这种稳定的走势就为我们把握低点、高点位置参与留下了从容的选择时间，反复赚取小差价，积小胜为大胜。

实际操作思路是这样的：

观察一只股票近一段时间每天的分时走势图的规律，如每天都在画心电图，每天的振幅在1％以上，可以在某一天的低点位置参与进去，当某一天该股有脉冲上涨时（一般脉冲上涨幅度也不会太大，大概有2％），就可以卖出，赚取差价。

图一　银鸽投资（600069）2017年11月2日～11月28日日K线走势图

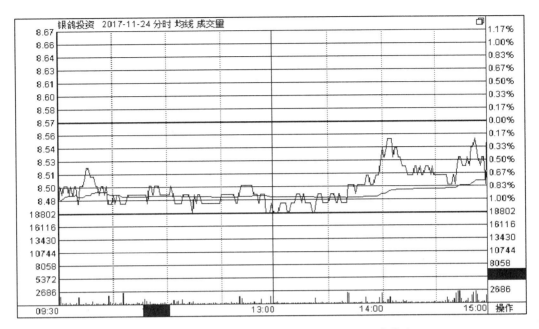

图二　银鸽投资（600069）2017 年 11 月 24 日分时走势图

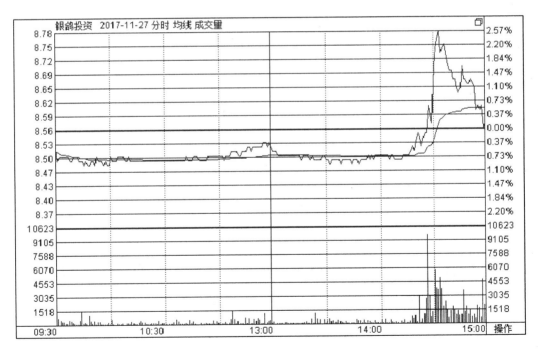

图三　银鸽投资（600069）2017 年 11 月 27 日分时走势图

通过观察，我们发现银鸽投资在 2017 年 11 月 2 日至 11 月 28 日这一段时间几乎天天都在画心电图（见图一），每天的振幅大约在 1‰，我们选取 2017 年 11 月 24 日这天参与进去（见图二），8.49元买入，耐心等待，在2017年11月27日（见图三），下午2点左右出现脉冲式上涨，最高涨了2.57％，最高点不一定能把握住，当它有所回落，到8.74元时，就可以卖出了，获利2％点多，在这种弱势震荡股票获利，也可以满足了。

**如何把握弱势震荡股票机会**

首先，需要观察一段时间，观察它每天的振幅是否基本大致相当，看看它近段时间每天的走势是否在画心电图；其次，选择某一天低点位置参与进去等待；最后，当某一天该股出现脉冲式上涨一定幅度，在它股价有所回落时，及时卖出了结。

**实战操作意义**

有时，市场难以找到较好的机会，而一些个股的运行又有一定的规律可循，参与进去胜算较大。使用这种方法，可以积小胜为大胜，不可小视。心电图脉冲波形态股票，适合稳健谨慎型投资者参与。

## 二、案例及应用

➡ **实战案例一：底部区域潜伏**

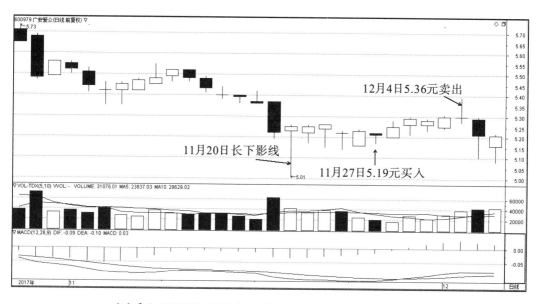

*广安爱众（600979）2017年10月27日～12月6日日K线走势图*

上图显示，广安爱众下跌过程中，在2017年11月20日出现一条较长下影线小阳线，当天最低只跌了3.26％，而前一日出现的大阴线，也只跌了3％。

从这两个交易日的走势来看，前一交易日打破了原来心电图的走势，有一部分人交出了筹码，成交量明显放大，后一交易日继续施压，但遇到了抵抗，留下一条长下影线，成交量有所减少，说明这两天的走势可能是主力故意为之。

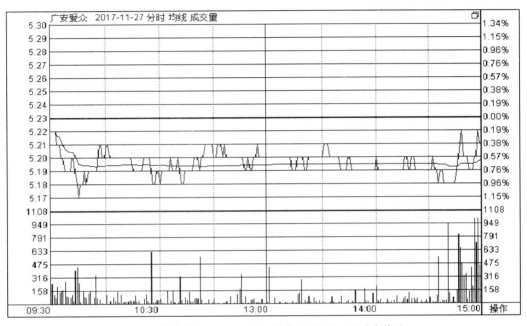

图一　广安爱众（600979）2017 年 11 月 27 日分时走势图

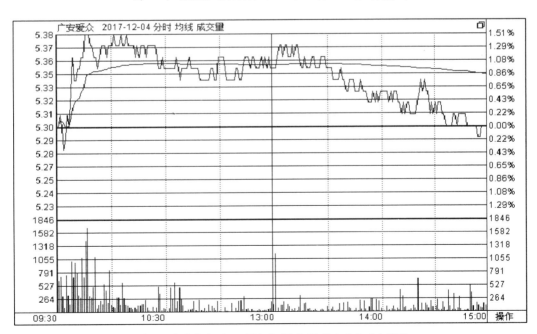

图二　广安爱众（600979）2017 年 12 月 4 日分时走势图

在随后一段交易日里，该股构筑了一个较为稳定的平台，每天画心电图，每天的振幅在1%左右，经过前面两个交易日一大阴线一长下影线的试探，在更低位置的心电图平台又会稳定一段时间，我们可以在此平台选择一个较低的位置参与进去等待。

我们在2017年11月27日（见图一），在5.19元买入，然后耐心等待，在12月4日的分时走势图上（见图二），我们看到该股终于在早盘有一次脉冲动作，最高涨了1.51%，就再也没有上涨，又以心电图的方式慢慢回落，收盘时，正好回落到当天的开盘价位置。这天，以5.36元卖出，5个交易日时间，收获3.2%，几天时间在弱势股票上收获3.2%还是不错的。

**如何找到合适的弱势震荡股票参与**

（1）需要找到运行了一段时间每天在画心电图的股票；

（2）心电图股票也会趋势性下行，不要急于参与；

（3）当它在底部区域止跌构筑平台时，可能它稳定下来了，此时选取某一天的低点位置买入耐心等待；

（4）当某一天出现脉冲式上涨，大约1.5%以上而它涨不动时，会慢慢回落下来，此时抓住机会卖出。

**在底部小赚即出，会不会丢掉上涨机会**

有这种可能。但一般心电图走势的股票，要改变它长期形成的这种形态，不是那么容易的，在这种平稳形态中操作，风险不大，反复操作赚取差价也是比较稳妥的，如果它的形态发生改变，我们就在新的形态下，再考虑别的操作路径。

**➡ 实战案例二：脉冲式下影线参与**

K线图显示，雷鸣科化近段时间的分时走势图是心电图走势，观察发现，它经常出现较长的下影线，我们就选取在它脉冲式下跌幅度较大，股价跌不动且有所回升时参与进去。（见图一）

经常出现长下影线，有虚张声势的感觉，一般它不会真跌下去。我们在5月31日这天它脉冲式下跌时寻找参与机会。13.53元买入，收盘时股价回升，当天有2%的浮赢。（见图二）

随后几天的走势，没什么起伏，如果卖出去，会有2%的赢利，但我们还是可以再耐心等待一下，等待脉冲式上涨的机会。

6月8日机会终于出现，这一天该股上午大部分时间在低位徘徊，上午临收市前，出现脉冲式上涨，下午开盘后，继续上冲，从低位到最高点的涨幅有2.3%左右，股价在高位画心电图，前段时间都没有出现这么大的涨幅，14.09元卖出。6个交易日时间获利4.1%，还是不错的。（见图三）

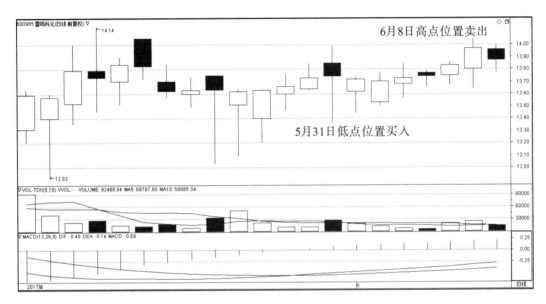

图一　雷鸣科化（600985）2017年5月10日～6月9日日K线走势图

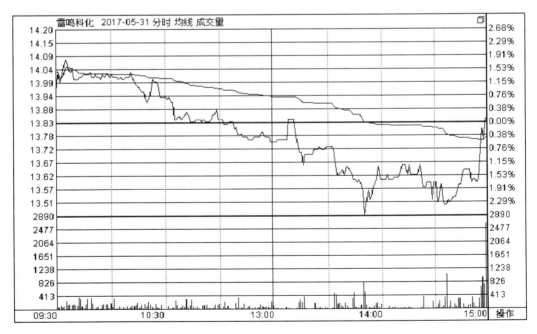

图二　雷鸣科化（600985）2017年5月31日分时走势图

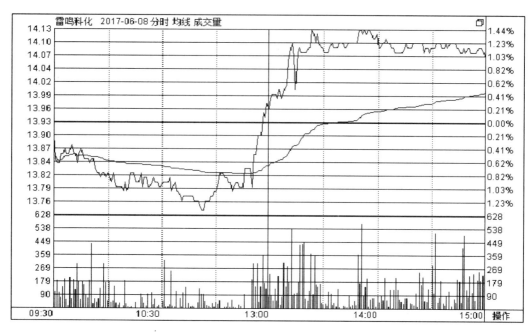

图三 雷鸣科化（600985）2017年6月8日分时走势图

**实操答疑**

问题1：6月8日卖出，会不会错失该股马上上涨的机会?

答：有可能。它前期的形态大部分是阳线，有可能它慢慢就磨上去了。但投资者也需要记住一点，心电图类型的股票，一般它很长时间都不会有突变情况发生的，有可能磨一点上去后，又慢慢磨下来，从保守稳健的角度考虑，有获利机会，可以先落袋为安。

问题2：心电图股票适合哪类投资者参与?

答：这种形态的股票，适合谨慎稳健型投资者参与，这种类型的投资者，谨慎，不愿冒过多的风险，心电图形股票，每天的起伏不大，有一定的规律可循，投资者可以慢慢研究它的形态，找到相对低点，然后等待有脉冲式机会的时候卖出即可，不贪心，有所获利就好。

心电图形股票的走势，可能长期都会保持这种形态，投资者可以在它身上反复寻找机会，对它的股性熟悉了，反复操作就会很有感觉，胜算较大，可以积小胜为大胜。

## 第三式 ●●

# 瀑布波及实战

### 一、瀑布波

　　股票下跌像瀑布一样来势凶猛一泻千里不可阻挡，大量的卖盘，以很低的价位卖出，甚至直接以跌停价委托卖出，中间各个价位的买盘轻易击穿，无法承接，形成70度、80度的下跌图形，极端情况是跌停封死。这种形态的下跌，预示着后市还会有很强的惯性下跌，碾压小买盘。

　　示意图：

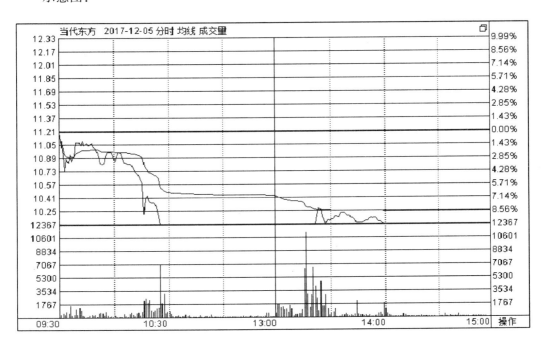

当代东方（000673）2017年12月5日分时走势图

　　上图显示，当代东方早盘小幅低开，震荡到10点后，开始快速下跌，一度呈90度垂直下跌，途中遇到一点抵抗，又再度跌停封死，下午1点半到2点，跌停打开，稍有反弹，2点后跌停直到收盘。

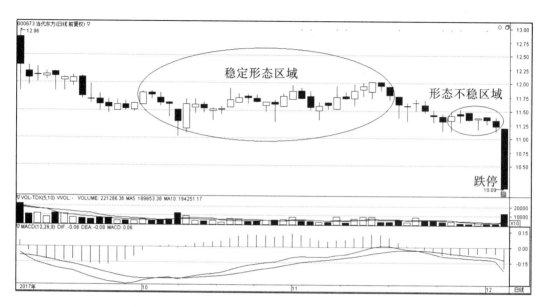

当代东方（000673）2017年9月12日～12月5日日K线走势图

我们通过当代东方的日K线走势图分析，该股在前期有一个多月的稳定形态区域，阳线居多，股价在此区域反复震荡，没突破。

不过，该股在脱离这个稳定区域后，有所下跌，进入了一个形态不稳的区域，此时应特别小心，这段时期股价在画心电图，最后这一天跌停。这一天早盘低开后，到10点时，股价没有回升上去，反而加速下跌，直至跌停。一般画心电图走势的股票，不大会出现离奇突变的，如出现，一定是有大问题，如有加速下跌趋势，应果断止损出局，否则后果很严重。

**如何应对出现瀑布波走势的个股**

一般股票正常运行，不论是日K线走势图，还是分时走势图，震荡是常态，幅度可能会大小不一，但不会经常有突变情况发生，如果发生突变，在分时走势图上出现瀑布波，不外乎是这样三种原因：一是该股突发重大利空，导致所有投资者夺路而逃；二是主力因为迫不得已的原因需要抽逃资金大额卖出；三是主力故意诱空，采取狠命打压的方式引起持股者恐慌而跟随卖出，瀑布跌停，留下一条实体大阴线，成交量巨大。

因为瀑布形态势不可挡，投资者只有顺势操作，在股价开始快速下跌时，应果断止损，免得以后更大的亏损发生，千万别抱幻想，出局为宜。没有参与的投资者，千万别想捡便宜进场，千万别做刀口舔血的事，这种赌博行为，无异于自杀。

## 二、案例及应用

### ➡ 实战案例一：假突破后出现瀑布波

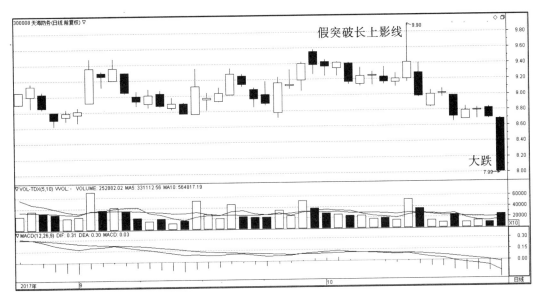

天海防务（300008）2017 年 8 月 25 日～10 月 30 日日 K 线走势图

观察上图天海防务的日 K 线走势图发现，该股有一个明显的分界线，就是在大跌之前几天，有一个假突破长上影线，这个假突破长上影线之前，股价形态呈稳定状态，上下震荡，出现假突破长上影线之后，次日留下一条实体长阴线，形态开始变坏，然后连下两个小平台，最终在 10 月 30 日大跌。

重点分析一下 2017 年 10 月 30 日这条实体大阴线的分时走势图。

该股早盘平开后不久，开始快速下跌，接连 3 次几乎呈 80 度的斜率下跌，途中有 3 次抵抗都无济于事，之后全天大部分时间横盘，尾盘再次下跌。

我们看前面的日 K 线走势图就知道，前面两个小平台是在画心电图，最主要是从形态上来看，有往下走的趋势，10 月 30 日这天果然开盘后就没再往上涨，而是开始快速下跌，见到情景，投资者应果断止损离场，因为形态很可能突变。

### 如何判断假突破

当股价突破前期高点时，从分时走势图其实是难以判断是否突破，此时继续观察，如股价冲高后回落，当天留下一条长上影线，而且随后的交易日里股价一个台阶一个台阶地下，此时，基本就可以判断那条长上影线就是假突破了。

141

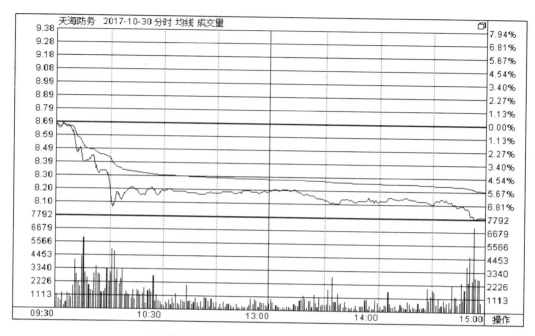

天海防务（300008）2017年10月30日分时走势图

### 如何防范瀑布波的出现

其实在瀑布波出现之前，是很难预判的，只能感觉形态不好，需要保持高度警惕，一旦出现快速下跌，下跌角度呈80度以上时，大致就可判断瀑布波即将来临，此时果断止损出局，不再留恋。

#### ➡ 实战案例二：分时走势图下跌一波比一波狠

图一显示，盛天网络早盘平开后不久，几乎呈90度急速下跌了3.36%，然后大部分时间横盘，到下午2点过，又急速下跌了3点多，至尾盘，随波逐流下跌，途中没有反弹出现。

该股日K线走势图显示（见图二），该股11月17日大跌前，出现了两个平台，前一个平台的打破是出现了一次比较大的下跌，然后在下面位置又构筑了一个平台，但在后面这个平台的末端，出现了不好的信号，出现了两次十字星，中间还夹一条阴线，有向下再次打破平台的可能，非常令人担心，此时，作为敏感的投资者，应果断出局，一走了之，没必要继续留在里面担惊受怕。果然11月17日这一天，早盘不久就跳水，之后横盘震荡，至尾盘时，再次跳水，后市堪忧。

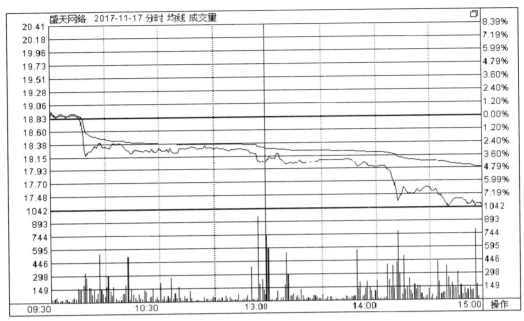

图一　盛天网络（300494）2017 年 11 月 17 日分时走势图

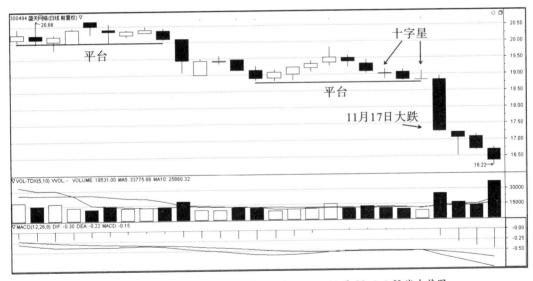

图二　盛天网络（300494）2017 年 10 月 17 日～11 月 22 日日 K 线走势图

### 为什么底部股票仍需高度关注分时走势图

　　一只股票从高位缓慢回落下来，而没什么大的反弹，说明该股的人气不足，观望气氛浓厚。尽管股价构筑了一个又一个的小平台，感觉好像在构筑底部平台，但这种平台其实是很脆弱的，弱势市场不言底，结合日 K 线走势图形态，同时高度关注它的分时走势图，一旦出现股价异动，很可能是瀑布波走势，后市堪忧。

# 杀跌波及实战

## 一、杀跌波

杀跌波是指当日股价在盘中交易过程中出现放量攻击性震荡下跌，因这一波动而形成的即时波形就是我们常说的"杀跌波"。

杀跌波出现时间大致为：早盘杀跌波；盘中杀跌波；尾盘杀跌波，均由主力机构在盘中通过持续大单或特大单卖出所引发股价出现攻击性下跌所致。

虽然同属于主力疯狂出货形态，但和瀑布波所不同的是，瀑布波属于几乎垂直式跳水下跌特征，而杀跌波相对较温柔，呈现震荡式盘跌特征。

示意图：

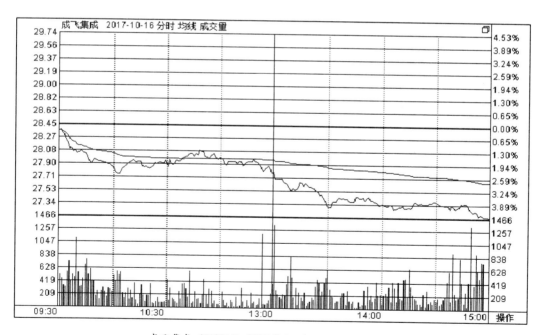

成飞集成（002190）2017 年 10 月 16 日分时走势图

上图所示，成飞集成早盘略为低开后，沿45度角缓慢下跌了10分钟，然后，横盘到上午收市，此间，股价有所反弹，不过还是回落到横盘状态中，下午1点到1点30分，股价又开始继续沿45度角缓慢下跌，之后，维持震荡走势，至收盘时，又有所下跌。

该股上午和下午开盘后半小时内，股价都是沿45度角缓慢下跌，之后，大体都是维持横盘震荡走势。这种沿45度角缓慢下跌的走势，就是杀跌波。

这种波形跟瀑布波比较，感觉没有瀑布波那么凶险，但属于慢刀杀人，会让部分持股者认为，下跌速度不快，扛一下问题不大，失去应有的警觉，错失卖出机会；还会让一些想参与者，感觉它终于下跌到比较合适的位置，可以参与了。

**杀跌波的特征**

（1）沿45度角缓慢下跌半个小时以上，之后遇到一定抵抗出现横盘震荡走势；

（2）沿45度角缓慢下跌波形有可能出现两次以上，遇到的横盘震荡抵抗走势，也可能会出现两次以上；

（3）杀跌波一般当天的跌幅在4%以上；

（4）未来，股价持续下跌。

**杀跌波与瀑布波异同比较**

区别点：杀跌波下跌速度缓慢，一般下跌角度呈45度，显得要温柔一些，会让人失去警觉；而瀑布波下跌速度非常快，下跌角度呈80度以上，甚至几乎是90度，如卖出动作稍微慢一点，就失去卖出机会了。

相同点：后市股票都会下跌。

**杀跌波实战操作**

（1）杀跌波出现一次，股价沿45度角缓慢下跌半个小时以上时，就要警觉了，如果继续下跌，且下跌幅度超过2%以上时，可以选择离场观望，即使之后股价有所反弹，也保持观望为宜。

（2）杀跌波出现两次以上，股价沿45度角缓慢下跌半个小时以上时，保持警惕，随后可能出现横盘震荡走势，可能会有一点反弹，但之后不久又回落下去，这时总体跌幅可能不大，而当该股第二次股价出现沿45度角缓慢下跌时，即可判定该股的走势已出现杀跌波，应果断离场。

## 二、案例及应用

➡ **实战案例一：途中一次杀跌波形**

融捷股份（002192）2017 年 11 月 3 日分时走势图

上图中，融捷股份总体走势简单分为三段，第一段为开盘后到 10：07，分时走势图为缓慢上行，这一段时间爬行艰难；第二段为 10：07 到下午 1：30，分时走势图为杀跌波形，这一段下跌伴有成交量持续放大，明显有人跑路；第三段为 1：30 到收盘，分时走势图为横盘震荡形态，多空双方僵持观望。

根据前面所述的实盘操作要点，我们在该股出现杀跌波形，且跌幅已达 2％以上时，就应离场了。

➡ **实战案例二：全天杀跌波形**

下图显示，方正电机早盘平开后，一路下行至下午收盘，中途有部分小抵抗可忽略不计。

该股不是呈标准的 45 度角下跌，但它一路下跌，且跌幅已超过 4％，所以属于杀跌波形。

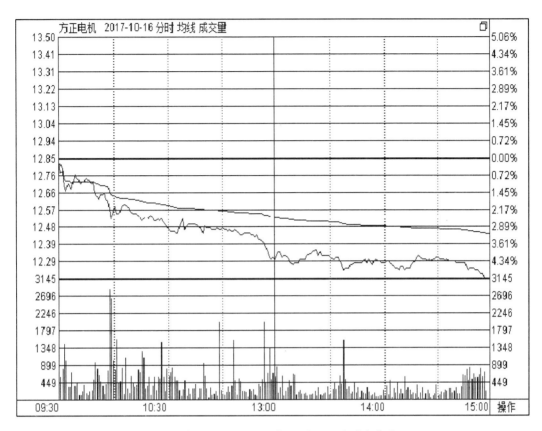

方正电机（002196）2017 年 10 月 16 日分时走势图

### 杀跌波形容易出现在哪类股票中

杀跌波形一般常出现在股价已经涨了一段时间的股票中，对于这种股票，就需要保持一颗敬畏之心，主力机构已经获利，考虑的是如何出货了。

主力机构用杀跌波形出货，不显眼，它不像瀑布波那样容易让人产生恐慌情绪而慌忙卖出逃命，容易让参与的投资者失去警惕，认为这是正常的回调。

有的杀跌波也可能会出现在没怎么涨的股票中，这种股票的主力，有可能是暂时不再看好它，而选择悄悄地退场。

## 第五式 ▶ ●●

# 尾盘变脸波及实战

### 一、尾盘变脸波

股价在当天临近收市结束的时候，突然拉升或跳水，涨跌幅度均在5％以上，改变股价当天的走势，就叫尾盘变脸波。

这种尾盘变脸的行为，让人猝不及防，相当于主力搞的突然袭击，因为一般人都会认为，临近收盘了，当天股票走势也就那样了，准备休息了。

尾盘变脸，往往意味着以后股价的走势将发生逆转，应特别注意。

尾盘变脸大涨示意图：

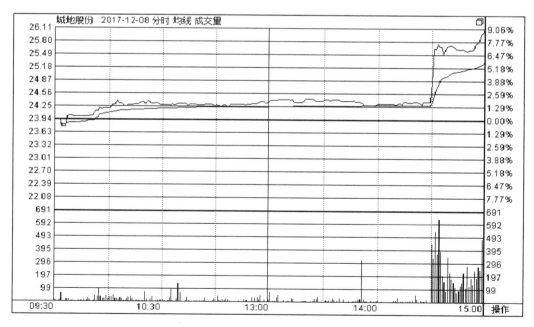

城地股份（603887）2017年12月8日分时走势图

上图显示，城地股份全天大部分时间走势平稳，股价维持在上涨1.30％左右，但临近收盘最后半小时，股价几乎呈90度拉升了7.25％，再横盘20分钟，最后10分钟，再次上攻。

分时图显示，它大部分时间都是心电图走势，让人了无兴趣。主力正是利用了人们的麻痹思想，在临近收盘前半小时，一举大量买进，成交量巨额放大，显示主力信心十足，后市看涨。

结合它的日 K 线走势图分析更有意义。（见下图）

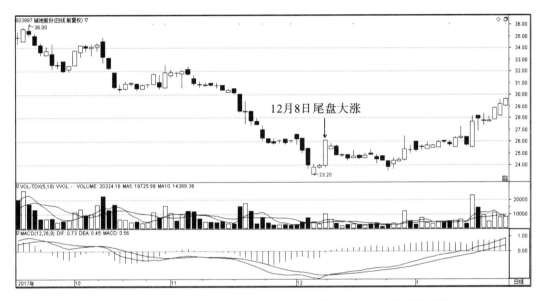

城地股份（603887）2017 年 9 月 15 日～2018 年 1 月 24 日日 K 线走势图

该股的日 K 线走势图呈一路下跌走势，12 月 8 日尾盘大涨，属于超跌反弹，上方的套牢盘较大，不过，一阳吞两阴，显示主力的力量强大。现在其股价已来到前面一个小平台，面临突破。如主力，实力强大，可能会选择继续拉升，但对于一路下跌的股票，上方套牢盘很大，这样连续大涨对主力是很不利的，因为在上涨的过程中，会不断引发大量抛盘。

当天刚开始拉升时参与进去的短线投资者，若见次日股价没有继续上攻，表现很弱，可以离场出局，博个短线收益就好，当股价回落再企稳后，可逐步参与进去，持股时间可以长一些，收益将更大。

尾盘变脸大跌如下图所示，天创时尚在下午 2 点之前大部分时间维持下跌 1.80％的走势，接近 2 点时，有加速下跌的苗头，横盘了几分钟后，出现跳水走势，一度大跌 9％，成交量急剧放大，卖盘涌出，然后震荡至收盘。

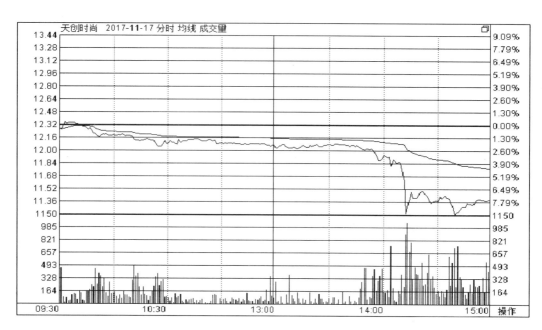

天创时尚（603608）2017年11月17日分时走势图

结合日K线走势图分析走势（见下图）：

该股出现尾盘变脸之前，经历了一次假突破，当时那段时间的成交量巨额放大，上涨形态较好，无奈面临突破那天，虽然跳空高开冲高，但至收盘时，股价大幅回落，感觉主力有心无力，次日跳空低开下跌，这时就可判断前一交易日是假突破，前面高位那段时间的巨额成交量应是主力出逃留下的。

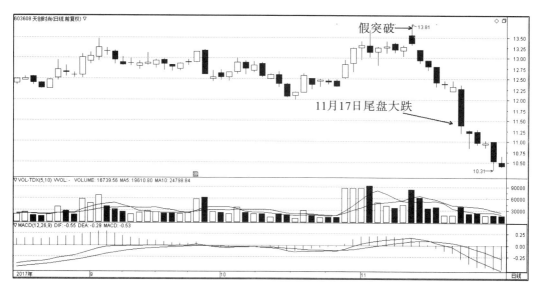

天创时尚（603608）2017年8月21日～11月27日日K线走势图

既然主力已走，形态将有加速变坏的趋势，此时出局为上。后面的走势确实是加速下跌，在 11 月 17 日之前有两个交易日下跌有所抵抗，股价也到了前方最低价位置，能不能止跌很关键。

11 月 17 日这天大部分时间横盘整理，只跌了 1.8％，但尾盘大跌，突破了前方最低价位置，股票形态一下子变得很恶劣，接着后面的交易日里，股价一路下行。

**通过上面两例可总结出尾盘变脸实战操作思路：**

（1）对股票的日 K 线走势图心中有数，如下跌中的股票尾盘变脸大涨，则及时追击买进，反之，立即止损卖出；

（2）每天紧盯盘面变化，对于横盘整理走势的股票也不放过，尤其是尾盘，这种走势的股票有可能突然变脸；

（3）尾盘大涨买进后，次日即可卖掉，以短线思维对待；

（4）尾盘变脸下跌的股票，前面可能就有征兆，如发现前面有假突破形态的，股价回落下来之后，可能会遇到尾盘变脸加速下跌，投资者应在确定假突破出现后先行出局，而不是继续等待尾盘变脸时才仓促决定。

## 二、案例及应用

### ➡ **实战案例一：尾盘 90 度拉升**

下图显示，万林股份 2017 年 8 月 15 日大部分时间都在画心电图，振幅不大，它以前的走势也是画心电图。这天临近收盘最后 15 分钟，一条直接拉升，最高涨了 8.60％，然后收盘时有所回落。

如果跟踪紧密，在它刚开始异动拉升时，果断买进，会有一段不错的短线收益。

**对于突然直线拉升的股票，如何参与**

直线拉升，价格变化很快，根本不能依照委卖栏目的价格决定自己的买进价，不妨以稍高的价格委托买入，或者直接输入涨停价买入，但不会以你的这个高价格成交的，因为委托卖出栏目还有很多价格是从低价到高价排列着的，成交价是依委托卖出栏目里还未成交的最低价成交的。高价委托买进的好处在于，如果比照委托卖出栏目里的最低价委托，主力在扫货的过程中，立即就会把最低的价格吃完，主力资金量大，它会连续把下面低位的价格吃完，你动作慢了，委托栏目里，没有你先前看到的卖出价了，就无法买进，你出价高，委托栏目里还有没被主力吃掉的低价筹码，你就可以委托栏目里的卖出价成交。这是对付突然拉升股票的委托交易技巧。

及时买进后，从超级短线的思维，一般次日卖出即可，获取短线收益。

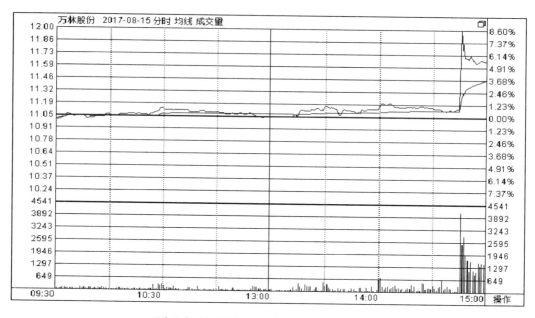

万林股份（603117）2017 年 8 月 15 日分时走势图

### ➡ 实战案例二：两次拉升

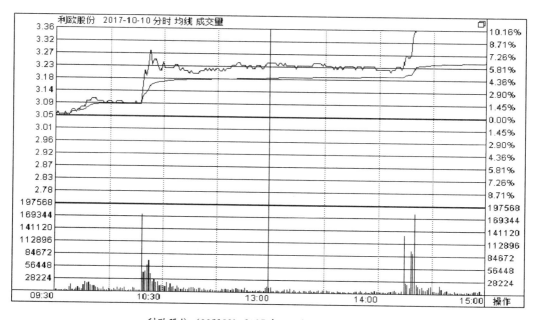

利欧股份（002131）2017 年 10 月 10 日分时走势图

上图显示，利欧股份 10 月 10 日有两次变脸走势，第一次是早盘产生了一个冲击波，拉了 4 个点，第二次是在临近收盘前 45 分钟，该股再次变脸突然拉升至涨停。

心电图走势的股票，出现变盘往往都会非常突然，稍不留意，股价就大变，当然它没变盘时，又如死水一潭，这很考验一个人的耐心。变盘的时间点，可能是在中途，也可能是在尾盘，没变盘时参与，往往股价很长时间没什么变化，变盘时参与，又猝不及防，要么追涨在高位，要么错过。

## 小　结

本招主要是通过分时走势图，分析冲击波、脉冲波、瀑布波、杀跌波、尾盘变脸波形态变化，捕捉局部和短线机会。

在分时走势图里，有委托的买盘和卖盘、成交数量的显示，包含有很多盘口信息。由于各个数值是动态变化的，因此对于喜欢捕捉短线机会的投资者来说，就需要盯盘，观察其运行变化。

而分析 K 线走势图，是为了判断大势和趋势，投资者多以日 K 线图来分析。研判中期行情，常要借助周 K 线、月 K 线甚至年 K 线进行。在实际使用中，一般以日 K 线为主，周 K 线为辅。

本招的五种波形，只有杀跌波的走势相对缓慢一些，其他四种波形的变化都具有突然性，本章讲解的是捕捉短线机会，那么我们就需要在交易时间里，盯紧盘面变化，分析盘面信息，一旦盘面信息出现较大变化的苗头时，我们就得及时果断出手，不能犹豫。

很多投资者也在观察分时走势图的变化，想从中寻找短线机会，但操作方式有问题，形成追涨杀跌困局，主要问题在于，一是盯盘不紧，察觉不到盘口的细微变化，只是看到股价一下子涨起来，就兴奋追涨，或者跌下去，就恐慌杀跌，落后半拍。二是对日 K 线走势图研究不深，一些投资者没有事先对目标股票的 K 线图进行深入的分析，没有做到对股票趋势了然于胸，如果只关注分时走势图就会陷入盲从中，当股价变化剧烈时，就会失去应有的趋势判断。

本招对一些重要的波形，结合日 K 线走势图分析了分时走势图可能即将发生的变化，做前瞻性的预见，避免行情发生突变时失去方向。

# 第八招

## 玉女穿梭：织女金梭织绫罗，顺逆螺旋皆掌控

玉女穿梭，如玉女一般以灵活的身姿，自如地穿梭在战场，在对敌打斗中，从运动形态来看，是依照这样的方位转动技击：逆时针方向转 90 度，再顺时针方向转 270 度，最后再逆时针方向转 90 度，如果需要一步转到最终位置，则需要顺时针方向转 270 度或逆时针方向转 90 度。

玉女穿梭太极拳技法，飘忽不定，让人难以捉摸，在虚幻的走位中，看似躲避逃逸，实则在出其不意之间攻击敌手，其灵巧的步履和变换的手、掌，穿梭在敌手身边，不时给予打击，让人防不胜防，不胜其烦。

太极拳的虚实灵活、刚柔相济的战法，在玉女穿梭这一招术中体现得淋漓尽致，很多时候人们对太极拳花拳绣腿的误解，大概就出自于本招吧，但如果大家潜心研习了太极拳拳法之后，应体会到玉女穿梭在实际战术中的妙用，这不是三言两语所能道的。

玉女穿梭时期股票，属于中、长期趋势性运动的股票，在股票生命周期里，它既可以是中、长线上涨期，也可以是中、长线下跌期，运用均线趋势方法进行分析判断，在均线交叉拐点关键位置，推断股价运动方向，把握大趋势。

玉女穿梭股票，看似玉女一般绵软，没有剧烈的波动，只需要在关键位置看清方向。让时间来佐证，因为这里是分析中、长期的股票，需要有一定的观察时间来分析判断，只要趋势判断正确了，未来将有较长时间的获益期。

股市玉女穿梭体现在均线的运用，主要有这样几种情况：向上发散形、向下发散形、上山爬坡形、下山滑坡形、逐浪上升形、逐浪下降形。

下面分别讲解招式。

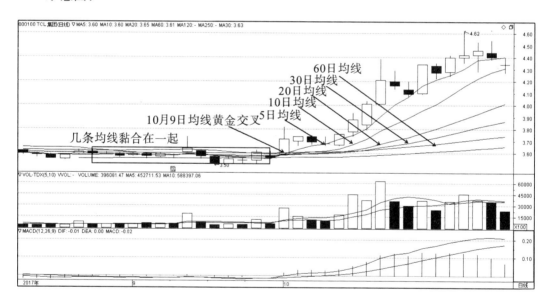

## 第一式 ▶●●

# 向上发散形及实战

## 一、向上发散形

股票在底部长时间横盘整理，短期、中期、长期均线黏合纠缠在一起，到末端，股价开始上涨，成交量放大，这 3 条均线从黏合中分离，随着股价上涨速度的加快，成交量的持续放大，均线之间的距离迅速拉开，形成一种向上发散的状态。

示意图：

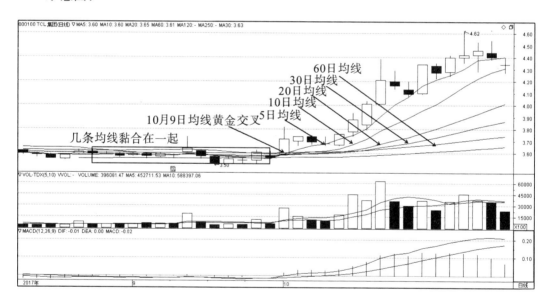

TCL 集团（000100）2017 年 8 月 22 日～10 月 31 日日 K 线走势图

上图显示，TCL 集团在底部区域横盘整理 1 个多月，5 日、10 日、20 日、30 日、60 日均线反复纠缠在一起，10 月 9 日，股价突破前高放量大涨，均线出现黄金交叉，随后股价横盘几日，再逐日加大拉升力度，成交量持续放大，各条均线从 10 月 9 日开始逐渐远离，呈发散状。

**股票向上发散的特征**

（1）先是几条短期、中期均线黏合在一起一段时间，股价变化不大，成交量萎缩；

（2）当这几条短期、中期均线脱离黏合，呈 45 度角向上，彼此之间的距离越来越远，股价涨幅越来越大，对应的成交量持续大幅增大。

**如何实战操作**

几条均线黏合在一起的时间可能比较长，先期参与进去似乎没多大的必要，因为它们什么时候分离是不大容易判断的，只有当它们开始出现交叉，有向上的趋势，股价开始变得活跃，成交量也随之放大时，才可参与一部分试探，如其均线之间分离越来越远，呈发散状时，可及时加仓。

一般各均线呈发散状态时，股价拉升都比较快，要注意有的股票拉升结束可能会比较快，遇到这种股票要及时了结。

## 二、案例及应用

### ➡ 实战案例一：向上发散短期均线两次交叉

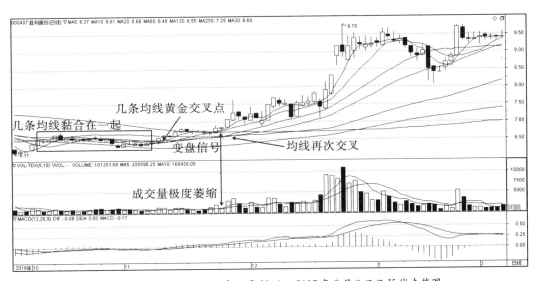

胜利股份（000407）2016 年 9 月 28 日～2017 年 2 月 9 日日 K 线走势图

如上图所示，胜利股份上涨前一段时间里，几条均线交织在一起，当股价缓慢上行，超过前面高点继续上行时，几条均线黄金交叉后，开始向上逐步发散，股价短暂上涨后，出现几日横盘走势，两条短期均线再次交叉，之后随着股价继续趋势性上涨，几条均线分离距离加大，当股价出现跳空高开上涨时，几条均线呈放射状发散，相互距离越来越远。

**多次发散均线交叉的股票如何把握**

（1）当几条均线第一次交叉时，是黄金买入点，不过较难把握，毕竟它第一次交叉，不一定能确定它该向上发散呢，还是又会黏合在一起了。

（2）均线第一次交叉后，如果股价继续上行，且上涨速度开始加快，几条均线出现发散形态，此处为第一次实际买入点；

（3）股价出现短暂的横盘走势，短期均线将再次交叉，如股价继续上行，均线又开始向上发散，此为第二次买入点。

➡ **实战案例二：底部均线多次黏合交叉**

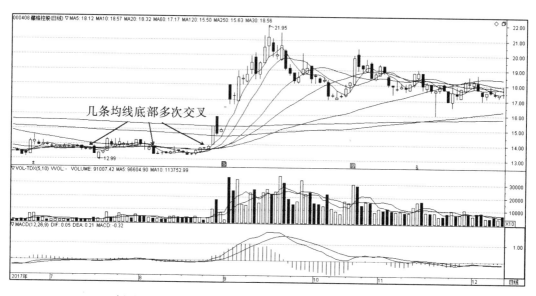

藏格控股（000408）2017 年 6 月 20 日～12 月 12 日日 K 线走势图

上图显示，藏格控股在底部出现了 3 次均线交叉，第一次交叉时，均线黏合很紧密，第二次均线交叉黏合不太紧密，第三次交叉点，其实就是买入的黄金点，虽然这是事后才知道的，但此时，作为一个有投资经验的人来说，应敏感地认识到机会来临：如果次日出现股价拉升，突破前高，成交量巨额放大，则立即参与。

许多股票，当股价连续大幅上涨，甚至是涨停接着涨停，还有连续一字涨停板的情况出现时，几条均线的发散形状将变得比较陡峭，因此，对于这种股票，抢在起涨时买进，将获得较快较好的收益。

**如何把握底部均线多次黏合交叉的买入点**

底部均线出现多次黏合交叉，说明主力在反复试探市场反应，一旦主力试探完成，股价很可能即刻飞涨。

我们在底部发现均线多次黏合交叉时，应引起高度重视，一旦出现股价突破前期高点快速拉升，并且成交量迅速巨额放大的情况，应果断参与，不要犹豫错失上车良机，往往随后的均线发散偏离会越来越大，股价更是快速大涨。

## 第二式

# 向下发散形及实战

### 一、向下发散形

股票向下发散，正好跟股票向上发散相反。

横盘时间较长的股票，出现放量下跌，跌破横盘时期的最低价，短期、中期、长期均线从黏合中分离，方向向下，长期均线压制中期均线，中期均线压制短期均线，各均线呈向下发散的形态。

下图显示，华媒控股在下跌前，构筑了一个平台，有 4 条短期、中期均线黏合在一起，3 月 30 日，突然破位放量大跌，均线一下子呈向下发散状态，随着股价的不断下跌，几条均线向下发散持续扩大，发散状态扩大后，一般股价呈持续性下跌。

**发散前，多条均线黏合有什么含义**

一般来说，发散前，黏合在一起的均线数量越多，黏合的时间越长，发散持续时间越长，相邻均线的距离也会越远，股价上涨，或下跌的幅度会越大。

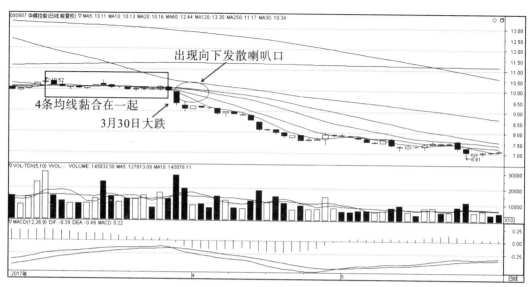

华媒控股（000607）2017 年 3 月 2 日～5 月 31 日日 K 线走势图

## 二、案例及应用

### ➡ 实战案例一：下跌途中两条短期均线黏合

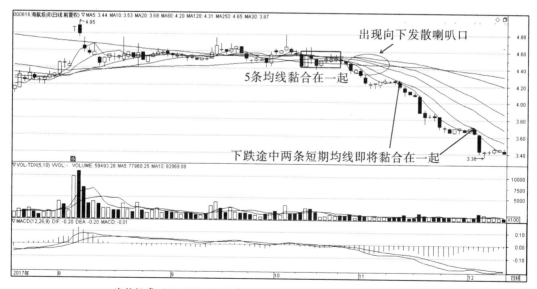

海航投资（000616）2017 年 9 月 13 日～12 月 12 日日 K 线走势图

如上图所示，海航投资向下发散前，有 5 条短期、中期均线黏合在一起，说明如果其发散的话，将会更加持久。

如果股价跌幅较小，向下发散形态刚开始不一定能判断出来，如果止跌，发散会收敛回去，如果持续下跌，喇叭口形状就会逐渐形成并扩大，股价就将沿着向下发散的方向趋势性下跌，因此，当向下发散的喇叭口形成时，应果断出局。

**下跌途中多次短期均线黏合，股价方向会改变吗**

海航投资在下跌途中出现了两次有两条短期均线即将黏合的情况，形成两次小平台，这是因下跌遇阻出现的，而其他几条中、长期均线仍呈发散状态，没有变化。

前面说了，发散前，黏合在一起的均线越多，发散持续的时间会越长，途中即使遇到一点阻力，也很难改变它发散运行的方向。所以途中即使有两条均线黏合，也无力改变其股价运行的方向。

此分析方法，同样适用于上涨途中遇到多次均线黏合的趋势判断。

**➡ 实战案例二：均线向上、向下发散并存**

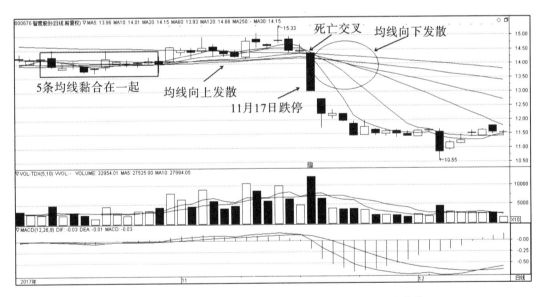

智度股份（000676）2017 年 10 月 11 日～12 月 13 日日 K 线走势图

上图显示，智度股份前面出现了 5 条均线黏合在一起的情况，然后有向上发散的趋势出现，不过其向上发散形态比较平缓并没有变陡向上持续扩大，说明上行力量很弱，有可能转为下行。11 月 17 日，突然出现快速跌破前面最低点底部位置至跌停，这一天 6 条均线黏合在一起，形成死亡交叉，预示着有变盘的可能，均线向下发散形成喇叭口，杀伤力非常大。

当均线出现死亡交叉，股价开始快速下跌时，应果断离场。相邻均线的距离迅速拉大，往往预示后市下跌幅度较大。

**怎样综合判断均线发散方向的转变**

有的股票均线发散具有一定的诱骗性，初期似乎向上发散（或向下发散），但途中一下子出现拐头，股价的运行方向改变。

均线初期向上发散（或向下发散）很平缓，说明趋势性力度不强，我们需要保持一定的谨慎，当出现拐头迹象时，预示股价有可能会改变方向，如股价快速破位大跌（或破位大涨），成交量巨额放大，则应果断卖出（或买进）。

## 第三式 ●●

# 上山爬坡形及实战

## 一、上山爬坡形

股价上涨趋势明显，短期、中期、长期均线排列有序地上扬，波动不大，两条短期均线紧随股价纠缠交叉上扬，股价有时回落到中期均线即反弹。

下图显示，恒逸石化从 8 月 3 日的 10.75 元开始，至 10 月 31 日涨到 12.45 元，历时近 3 个月，涨幅 15.8%，经历时间比较长，涨幅不算大。

在此期间，股价单日最大涨幅没超过 4%，大多数情况下的涨幅为 1% 到 2%，中途间隔出现 5 波小回调，但跌幅也不大，该股的股价是以时间换空间，慢慢磨上去的，就像爬坡一样。

该股的 5 日、10 日均线遇小回调时靠近，20 日、30 日、60 日均线，大部分时间呈平行状态，其上行角度也不陡，大约 30 度左右，坡度较缓。

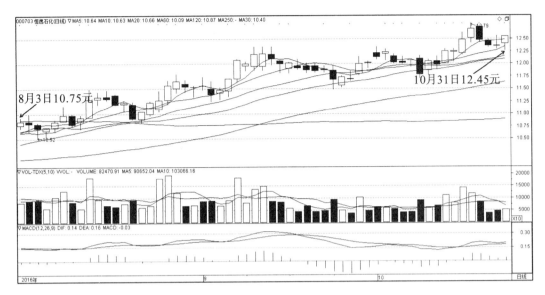

8月3日10.75元

10月31日12.45元

恒逸石化（000703）2016年8月3日～10月31日日K线走势图

### 如何判断上山爬坡形股票

上山爬坡形股票，5日、10日均线相距很近，遇回调时更加靠近，20日、30日、60日均线，呈平行上升状态，上行坡度较缓。

当5日、10日、20日、30日、60日均线，均呈上行状态，在5日、10日均线遇小回调靠近时，就是较好的参与点，或许这两条均线第一次靠近时，还不敢确定该股为上山爬坡形，可以继续再观察一下，如这5条均线仍继续平行排列向上，5日、10日均线第二次靠近，就基本上可以确定为上山爬坡形，此时就是参与点。

当5日、10日均线第一次靠近时，其他几条均线正在形成向上的趋势中，但不明显，如此时股价持续回调，这几条均线就无法形成向上的形态，股价上山爬坡也就不存在了，而当5日、10日均线第二次靠近时，其他几条均线平行向上的趋势就非常明显了，股价很难改变这种趋势，所以此时确定为参与点，就比较恰当。

做股票，稳健操作为上。在股票形态暂时还没有形成前，千万不要急于下结论。

上山爬坡形股票还有一个很重要的特征：坡度越小，上升时间越长，往后越有后劲。

所以5日、10日均线第一次靠近时没有参与不足为惜，5日、10日均线第一次靠近参与点到5日、10日均线第二次靠近参与点这段时间的涨幅舍去无妨，这段时间的涨幅也不大，我们应关注的是后面更确定、更大的利润空间。

## 二、案例及应用

➡️ **实战案例一：缓慢爬坡**

下图显示，民生银行历时两个月，涨幅仅有 6%，上涨非常缓慢，其股票形态属于上山爬坡形。

从下图可以看出，3 条均线交叉之后，5 日、10 日均线紧邻向上，20 日、30 日均线开始呈平行等距离向上，20 日均线对股价起着强支撑作用，当上升途中的股价有回落时，一触及 20 日均线，股价就回升到 5 日、10 日均线上。

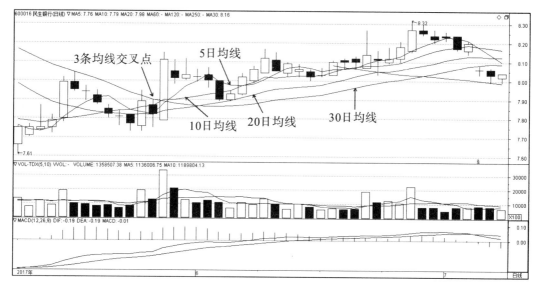

民生银行（600016）2017 年 5 月 8 日～7 月 10 日日 K 线走势图

**多条均线交叉点是上山爬坡形股票的最佳参与点吗**

股票出现多条均线交叉，这是一个重要的节点，但股价将怎样运行，还得看之后均线的走势，如多条均线交叉后，出现缓慢上行的走势，20 日、30 日均线呈平行上行态势，则可判断其股票形态为上山爬坡形，如股价出现回调，5 日、10 日均线靠在一起，则是较好的参与机会。股价上行中，如某一天有下探触及 20 日均线，这也是较好的参与机会。

上山爬坡形股票的规律是：坡度越小，上升时间越长，越有后劲。所以形态判断准确了，在它漫长的上行过程中，可以随时从容参与的。

我们可以继续看一下该股后面的走势（见下图）：

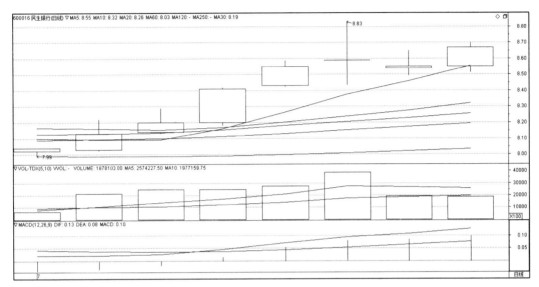

民生银行（600016）2017 年 7 月 10 日～7 月 19 日 K 线走势图

该股在经历前面两个多月缓慢上行的铺垫之后，在 7 月 10 日到 7 月 19 日这段交易时间里，开始加大上涨幅度，各条均线向上发散，9 个交易日的涨幅就超过两个月的涨幅，涨幅达 8%，进入较快的上升阶段。

➡ **实战案例二：短期、中期、长期均线平行排列向上**

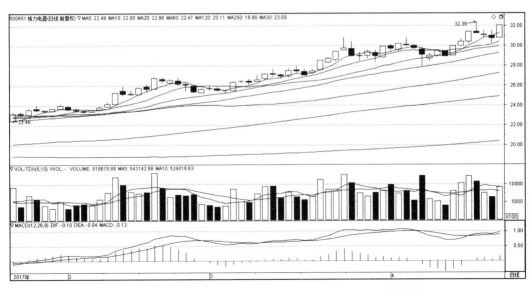

格力电器（000651）2017 年 1 月 18 日～4 月 25 日日 K 线走势图

上图显示，格力电器历时 3 个月，涨幅 38％，其短期、中期、长期均线排列向上。刚开始短期、中期均线纠缠在一起，难以判断走势，但当它们脱离纠缠后，各条均线向上，特别是中期、长期均线平行向上时，上山爬坡的趋势就非常明确了。

中期、长期均线平行排列向上时，股价大概率将沿着均线上行，这种趋势很难改变，时间跨度也会较长，在趋势向上的过程中，股价上行到一定程度，会有小回调，两条短期均线靠拢黏合在一起，而对中期、长期均线几乎不会产生什么影响，此时小回调恰恰是进场的机会。在上山爬坡形态中，会有很多这样的机会，上行一段时间就会发生，只是每一次的小回调都比上一次的小回调低点更高，所以当我们在早期确定了股票的上山爬坡形态时，要及时上车，才能分享上山爬坡的乐趣。

我们再看看它后面的走势（见下图）：

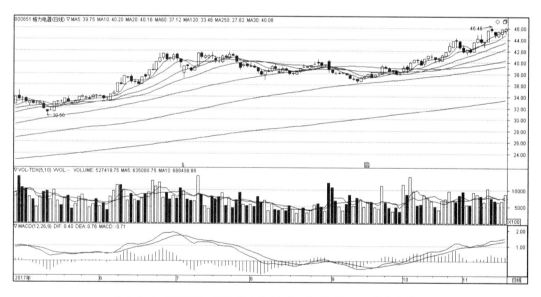

格力电器（000651）2017 年 4 月 25 日～11 月 17 日日 K 线走势图

该股在后面这段近 7 个月的时间里，继续缓慢上行，这段时间的涨幅达到 43.7％。

上山爬坡形态在爬行的过程中有小回调，形成一个又一个的小山头，这些山头一个比一个高，间或有一段震荡回落。该股前面爬行到了一定高度后，从 7 月 12 日到 9 月 21 日这两个多月的时间里，是震荡回落的，跌幅 10％，把 7 月 12 日之前半个月的涨幅吞没，而此时，长期均线仍没发生改变，只是短期和中期均线黏合在一起了。

股价发生趋势性改变，往往要过很长一段时间，长期均线才改变方向，所以长期均线有一定的滞后性，指导性不强。

　　向上的短期、中期均线黏合在一起，需要注意了，这两种均线具有更强的操作指导性，对于谨慎投资者，在这震荡回落的两个月时间里，早期发现有 4 条均线交叉拐头向下，可离场休息，在震荡回落结束后，股价回升，这 4 条均线又发生交叉，股价趋势向上，前面离场的投资者，可再次进场。上山爬坡形态就是一个长期的上升形态，中途震荡回落后，又将延续原有的形态爬行。

## 第四式 ●●

# 下山滑坡形及实战

### 一、下山滑坡形

　　原本短期、中期、长期均线纠缠，随着股价的缓慢下跌，这 3 种均线向下分离，以缓坡的形式，光滑等距离平行向下，趋势很明确，短时间内难以改变方向。

　　示意图：

金杯电工（002533）2017 年 9 月 26 日～12 月 22 日日 K 线走势图

上图显示，金杯电工下跌前，出现了 3 条均线交叉，意味着股价将变盘，随后继续观察，发现 5 日、10 日、20 日、30 日均线下行，呈平行组合，在近两个月时间里，下跌了 15％。

该股在下跌途中，有 3 次两条短期均线黏合的情况，似乎反弹有望，但受制于中期均线的压制，这两条均线黏合后又分离继续向下。

该股在下跌过程中，每次下跌的幅度都很小，在 1％～2％之间，但几乎天天都跌一点，累积起来的跌幅不可小视，这种下跌方式如钝刀割肉，也叫温水煮青蛙。

**怎样规避下山滑坡形下跌**

当出现几条均线交叉时，应密切关注其后续走势，如发现 4 条均线平行排列向下，即可判断该股票为下山滑坡形态，此时应果断止损离场，哪怕该股每天的跌幅很小，不要抱幻想，要钝刀割肉。

## 二、案例及应用

➡ **实战案例一：两次均线下降交叉点**

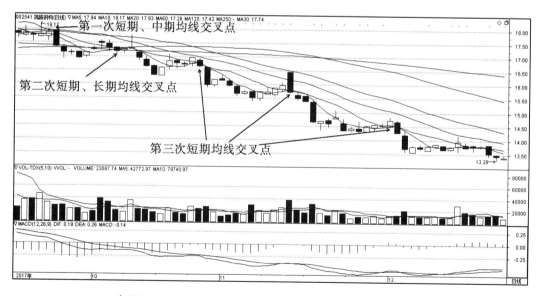

鸿路钢构（002541）2017 年 9 月 18 日～12 月 22 日日 K 线走势图

上图显示，鸿路钢构第一次出现短期、中期交叉点后，4 条均线下行，之后不久，股价有所回升，出现第二次短期、长期均线交叉点，感觉股价将反弹，但一条长上影线表明上涨阻力很大，之后，这 4 条短、中期均线继续下行，两条长期均线加入到下行行列中，下降趋势明显。

在下降途中，该股做了 3 次抵抗，股价短暂横盘，意欲反抗下跌，在这 3 次抵抗中，两条短期均线黏合在一起，不过受中期均线的压制，无功而返。

该股分别出现了两次短期、中期和短期、长期均线交叉点，如果说第一次均线交叉点出现的时候暂时还无法判断趋势，那么当第二次出现均线交叉点之后，且几条均线仍是下行，即可确定该股属于下山滑坡形态了，这种形态一旦形成，是很难改变的，尽管该股途中有 3 次短期均线抵抗，但都挣脱不了形态的束缚。

**当下降趋势形成时，如何克服心理障碍止损**

止损，对于保守、谨慎型投资者来说，是一件非常痛苦的事情，投资者进入证券市场，谁都想盈利赚钱，但这个市场充满了风险，有涨有跌，当股票下降形态形成时，很多保守、谨慎型投资者不愿意止损离场，仍在幻想它哪天涨起来了。结果股价持续阴跌，如钝刀一样一点一点割在心上，刚开始还不感觉有多么疼痛，但时间一长，回头一看，累积跌幅就比较大了，才开始感到切肤之痛。

作为证券市场的投资者，一方面要学会止盈，保住胜利果实，另一方面要学会止损，不能让亏损扩大，尽可能保住本金安全。

### ➡ 实战案例二：几条均线摆脱纠缠下降

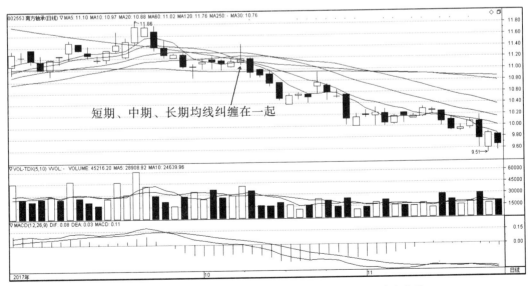

南方轴承（002553）2017 年 9 月 4 日～11 月 21 日日 K 线走势图

上图显示，南方轴承有上涨趋势，但又没有真正涨上去，而是出现掉头下跌，刚开始下跌也不能判明以后就是下降趋势，直到股价在一个小平台再次下跌，黏合在一起的短期、中期、长期均线摆脱纠缠，下行趋势明显时，该股即进入下山滑坡形。

下山滑坡形正好跟上山滑坡形的坡度相反，坡度越小，下降时间越长，往后下跌越有后劲。

# 第五式
# 逐浪上升形及实战

## 一、股票逐浪上升形

股价长时期上涨，短期、中期、长期均线都是趋势向上，长期均线波动不大，光滑上行，依托中期均线，中期均线依托短期均线，短期均线紧贴股价运行，短期均线波动较大，股价在上行过程中，会出现波峰和浪谷，逐浪上行，在浪谷中，短期均线和中期均线多次交叉。

在股价缓慢上涨过程中，可耐心持股，持币者参与机会较多，股价回落中期均线处买进。此形态一般历时较长，达1年以上，它比股票上山爬坡形上涨持续时间更长，更缓慢，中间出现的波峰、浪谷形成时间更长，距离更远。

下图显示，海能达历时1年多，处于波浪形上升过程中，有大波浪、小波浪，当出现大波浪后，会有较长时间的横盘整理或者较大幅度回调，120日均线托举敏感度较强。该股在上涨过程中，有两次触到120日均线，随后股价依次反弹回升到中期、短期均线上。

60日均线托举也较为明显，股价多次触到60日均线即反弹上行，但60日均线也多次出现跌破的情况，让人有所担心，不过只要形态判断准确，也无须过多担心，出现60日均线跌破情况，反而是参与的好时机，120日均线虽然更有效，但股价往往很难跌到此线。

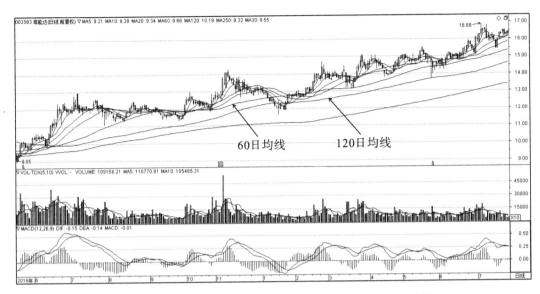

海能达（002583）2016 年 5 月 18 日～2017 年 7 月 26 日日 K 线走势图

短线投资者可以关注 60 日均线，曲折上行的股价回调时，更容易多次反复触及，此时即为买入机会，在股价反弹上行一段时间冲高时卖出，再等待回落到 60 日均线买入。

稳健型中线投资者，则关注 120 日均线，股价回落触及回升初期，可考虑参与，耐心持有，将会收获一大段上涨利润。

一般逐浪上升形的时间跨度比较长，以年度周期为单位往往更有效，波形也更明显。

## 二、案例及应用

### ➡ 实战案例一：短期、中期、长期均线集中交叉区域

如下图所示，泸州老窖 1 年多，一直处于长期的上涨过程中，该股在上涨初期，出现了一次短期、中期、长期均线集中交叉区域，之后，股价紧贴短期均线上行，中期、长期均线之间逐渐远离。

该股在上涨过程中，有这样的规律：股价急涨上去，形成一个大波浪，然后出现较长时间的震荡，在震荡期间，会出现多个上下起伏的小波浪，小波浪则一涨一回逐浪上行。

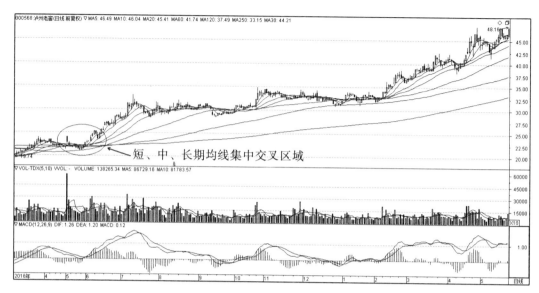

短、中、长期均线集中交叉区域

泸州老窖（000568）2016年3月9日～2017年5月23日日K线走势图

**实战如何操作**

当股票走势出现短期、中期、长期均线集中交叉区域，随着股价的上行，各条均线都呈向上趋势，在较长时间范围内，股价波浪形上升，形成若干波峰、浪谷，而短期、中期、长期均线都保持完好的形态上行，我们先观察这些均线的初始交叉点，再看看股价上行一段时间后，这些均线是否都依序排列向上，如属实，则可参与。

一般逐浪上升形呈缓慢上涨趋势，时间跨度比较长，通常1年以上，可耐心持有。

逐浪上升形的股票一般都有大资金进场，主力意在长远，不会短时间大幅拉升后即告退出，因此，作为一般投资者，也需要做好打持久战的思想准备，持有时间越长，收获越大，持股周期以年为单位。

一般逐浪上升形股票基本面都比较好，流通股较大，社会知名度较高，很少会出现黑天鹅现象。

➡ **实战案例二：逐浪上升出现2到3个波浪可考虑介入**

下图显示，海康威视在一年半的时间里，一直处于逐浪上升过程中，120日均线是该股的强支撑。

**实战操作时，是否以股价触到120日均线强支撑为介入点**

一般跨年度周期上涨的股票，其强支撑都是120日长期均线，不过从参与价值来看，以股价触到该均线为介入点，似乎又晚了一点，尽管后面还会有较长时间的上涨

174

过程，毕竟前面涨了不少，建议还是以早期各均线向上时，在短期、中期交叉时参与为主，然后耐心持有，当然特别稳健的投资者，也可以在发现股价触到 120 日均线时参与。何时介入，投资者可依据自己的操作风格来定。

海康威视（002415）2012 年 2 月 20 日～2013 年 8 月 20 日日 K 线走势图

## 第六式

# 逐浪下降形及实战

## 一、逐浪下降形

股价下跌趋势形成后，短期、中期、长期均线都是向下，股价在下跌过程中，会有反弹，短期、中期均线会有交叉，但方向不变，长期均线形成的下降趋势很难改变，时间跨度很长，达 1 年以上。它跟股票下山滑坡形的区别在于，3 种下降均线不平滑，短期、中期均线时有交叉，所经历的时间更长。

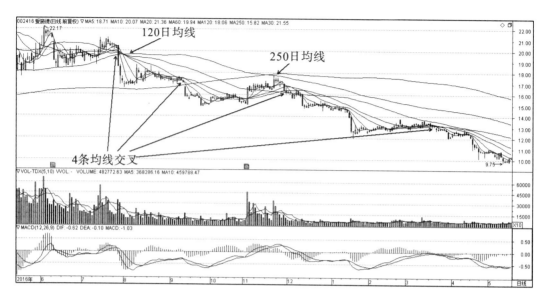

爱施德（002416）2016年5月16日～2017年5月17日日K线走势图

上图显示，爱施德在历时1年的下跌过程中，出现了4次4条均线交叉的情况，之后股价继续下跌，在这1年中，120日均线在与4条均线交叉后，就一直压着这4条均线下行，时隔3个月后，250日均线与120日均线交叉，之后压制所有均线。

从图形上看，呈逐浪下降，4条均线的交叉点即为再次下降的拐点。

逐浪下降以年度为单位，一般长期均线都排列向下，压制短、中期均线，股价将长期向下。

**实战操作意义**

当股票图形出现4条短、中期均线交叉后向下，长期均线也出现向下的走势时，即可考虑此图形为逐浪下降，如暂时还难以判断，也可以再等待观察均线的走势，当4条短、中期均线交叉后又掉头向下，长期均线仍向下压制短、中期均线时，则此图形属于逐浪下降形无疑，此时应果断止损离场，不可再抱什么期望了。

**二、案例及应用**

➡ **实战案例一：两次多条均线交叉下行**

下图显示，歌华有线在近两年的时间里一路下跌，途中有几次小反弹，也只是下跌途中的一点小浪花而已，该股的走势属于逐浪下降形。

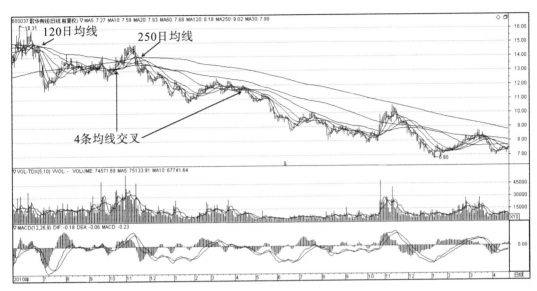

歌华有线（600037）2010 年 5 月 19 日～2012 年 4 月 26 日日 K 线走势图

该股在下跌初期，有 5 条均线交叉，之后各条均线都下行，120 日均线交叉后，就一直平滑下行，另外 4 条短期、中期均线途中有 2 次交叉，但受到 120 日均线压制，又继续下行，250 日均线在与 4 条均线交叉后，跟 120 日均线一样，一路平滑下行，这两条均线呈平行状态，说明长期均线的压制将是非常顽固的，下跌趋势将长期化。

**什么情况下，下跌趋势将长期化**

120 日均线和 250 日均线处于平行下降，股价下跌趋势将长期化。

对于长线投资者来说，应关注长期均线的走势，不必太在意短期和中期均线出现的局部反弹机会。投资一只股票，应以战略的眼光来看待，战术上的小技巧或许可以小胜，但如把握不好，有可能吃大亏。

**➡ 实战案例二：250 日均线波浪形压制**

下图显示，钱江水利 1 年多来股价逐浪下降，走势有这样几个特点：

（1）5 日、10 日、20 日、30 日、60 日、120 日 6 条均线经常反复纠缠在一起；

（2）250 日均线是该股的阻力线，股价反弹触及该均线就会跌回去；

（3）在这 1 年多的时间里，大部分时间股价是呈波浪震荡走势，整体股价下跌幅度不大。

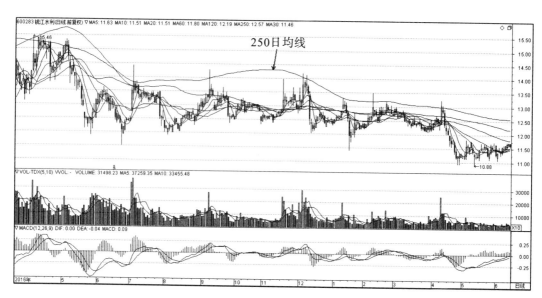

250日均线

钱江水利（600283）2016年3月22日～2017年6月14日日K线走势图

**波浪震荡形股票规律**

6条均线经常纠缠在一起，只有一条250日均线形成有效压制，即股价一碰到该线即刻跌回去，在此形态中，股价有可能跌破5日均线，之后股价回升。

此规律只适合于技术分析能力强的投资者参考寻找区间差价机会。

如果一只下跌中的股票的250日均线呈缓慢波浪形下降，其他均线时常纠缠在一起，股价间隔一段时间形成非常明显的波峰、浪谷，每一次波峰的高度都比前一次波峰更低，浪谷同样一次比一次更低，再仔细观察，波峰留下的日K线都是长上影线，都是触到250日均线掉头向下，说明250日均线对该股的压制作用非常强。

激进短线投资者可以利用这个特性，在逐浪下降形的股票的波峰、浪谷中找到短线腾挪的机会。

小　结

本招分析了向上发散形、向下发散形、上山爬坡形、下山滑坡形、逐浪上升形、逐浪下降形这几种均线形态下股价的走势。

向上发散形、向下发散形均线形态是对平缓运行中的股票发生大转折时运用的一种分析方法，大转折要么是放量大涨，要么是大跌，一旦出现这种情况，均线马上发散，并呈趋势性延续，在发生转折时，几条短期均线往往发生黄金交叉或死亡交叉，不过当出现交叉时，并不能判断马上发散，而是随后股价惯性运行时，才显露出形态，有一定的滞后性，此时果断操作也不失为上策。

上山爬坡形、下山滑坡形均线形态跟向上发散形、向下发散形均线形态相比，显得平缓，没有向上发散形、向下发散形均线形态那么突然。上山爬坡形、下山滑坡形均线形态在运行中，5 日均线和 10 日均线会不断黏合、分开，再按照它们的趋势惯性运行，上山爬坡形在爬上一个小山后回落一下再爬坡，从短线来看，提供了较多的操作机会。

逐浪上升形、逐浪下降形均线形态时间跨度大，以年为单位，主要用 120 日均线和 250 日均线进行分析，这两条长期均线对分析股价长期往一个方向运行的股票有指导意义，特别对长线投资者有较好的指导意义。因其短线波动不大，可能对短线投资者来说没有吸引力，不过在波动较大的长线股票里，可运用短期均线寻找若干小的波动机会。

第九招

# 斜行拗步：截胡敌手，解套逃脱

2007

2010

2013

斜行拗步是一套"败中求胜"的招式，在与敌人搏斗不顺的情况下，运用丹田把气劲快速传递到身体各部位，用身法封住敌手，运用手、脚交叉变化，变"敌顺我背"为"敌背我顺"，再调动躯干、肢体封杀"敌人"的来去，击溃敌人。

在太极拳战法中，有一句话叫"太极浑身无处不是手"，意思就是在搏斗中，全身都是可以当成手来进行战斗的，这种做法是通过气沉丹田来驱动身体的各个部位，让全身各部位都调动起来，投入到对敌的战斗中去。

试想作为一个人，只有一双手，手是人体最重要的进攻工具，如果把全身各部位都调动起来，做到跟使用手那样的效力，将是多么的无敌。丹田，作为调动身体各部位的中枢器官，发挥着至关重要的作用，太极拳拳法中经常说的气沉丹田，有很深的含义，意即人体气流大量沉积于丹田，丹田再把气劲送达身体各部位，投入搏斗。

面对时刻处于波动中的股市，怎样一步一步参与？参与后，如何做到稳妥地获取收益？如何在亏损后，一步一步化解亏损？这些是非常具体、棘手的问题，斜行拗步招式，给出了详细的解题思路。

斜行拗步招式，属于股票战术层面的操作方法，本招详解每一步的操作技法，希望读者沉着面对股市波动，无论上涨，还是下跌，找到应对技法，更好地在股市中活下去。

身处股票风险市场，被套的几率总是大于盈利，在股市时间越久，对待股票越谨慎。化解套牢盘，摆脱亏损困境，需要经常和长期面对，斜行拗步的"败中求胜"技法，不失为一着好招。

股市斜行拗步技法主要内容有：上涨控仓、下跌控仓、向下差价法、向上差价法。

下面分别讲解招式。

第一式 ◖▸●●

# 上涨控仓及实战

## 一、上涨控仓

上涨控仓是针对已经形成上升趋势的个股进行控制仓位的操作，是投资者在股票上升阶段以"金字塔"方式买入持仓，操作方式为投资者在股票上涨初期买入 30％资金量，股价上涨到一定阶段，分析股价仍将上涨，加仓买入 20％资金量，看趋势，股价仍会上涨，继续买入 10％资金量，以此类推。

此操作法的益处在于：谨慎。当一只股票的上涨不太确定时，可谨慎参与，之后如该股表现越来越好时，再适度参与，而不是大幅加仓，从而避免买入后滞涨或下跌情况发生时，资金一下子被套住的风险。当股票后期出现下跌时，把最近买入部分卖出，仍可保住前期买入的那部分利润。

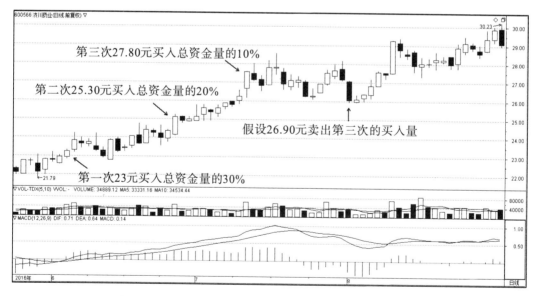

济川药业（600566）2016 年 5 月 25 日～8 月 30 日日 K 线走势图

上图显示，济川药业的某投资者具体操作步骤是这样的：

看量价关系形态，某投资者发现该股开始小幅上涨，成交量配合放大，形态较好，判断该股将从底部逐步好转，则第一次在23元位置，投入总资金量的30%买入，买入后，上涨了一个交易日就出现连续小幅回落，回落的位置正好是买入价，因买入数量不多，股价还没有大幅跌破买入价，暂时不用担忧。

小幅回落后，股价反弹回去，以大阳线收复失地，之后，股价小阳线夹杂小阴线稳步上行，涨了一段时间后，开始大幅拉高，判断该股可能将进入拉升，第二次在25.30元买入总资金量的20%，但该股并没有继续大幅拉升，而是横盘了3个交易日，再缓慢上行，这一时期的成交量没有异常，跟以前一样，说明主力控盘较好，也没有吸引更多资金的注意和参与，主力还会选择上行，慢涨显得很有耐力。

第三次买入是在看见主力又出现拉升时，以27.80元买入总资金量的10%。不过第三次买入后，接着就回调，一共经历了3次回调，回调幅度一次比一次大，难道是主力在高位震荡出货了？有点让人迷惘，在回调幅度达到3%时，可以26.90元价格先卖出第三次买入的数量，把最后这一次买入的止损，出局观望。

这次卖出后，股价很快就稳定下来，先小阳线后大阳线，股价创新高，看来前面的3次回调震荡，是主力故意为之，意在赶走搭便车者，为以后拉升获利更大做准备。

主力在拉升创新高后，又开启了震荡上行模式。

**操作总结**

作为谨慎投资者，该股从底部上涨初期，先买入总资金量的30%是合适的，该股在继续上涨了10%时，即股价达到25.30元，再买入总资金量的20%加仓，之后股价继续上涨，某一天大涨，有进入拉升阶段的可能，股价比上一次买入价又涨了10%，遵循谨慎原则，再加仓总资金量的10%。

第三次买入后，股价进入震荡模式，某一天股价跌幅较大，担心上涨结束，在26.90元卖出第三次的买入量，亏损3%出局。

在卖出第三次买入份额的次日，股价企稳，又开始缓慢上行，最高涨到30.96，第一次买入的和第二次买入的盈利大幅扩大。

**上涨控仓的意义**

观察股票将开始上涨时，在上涨初期多买一部分，涨一部分再加仓一部分，呈"金字塔"方式逐步减少买入量，其操作思路是：一般股价都不会持续上涨，如出现下跌，则下跌到一定程度，依次把最近买入的卖出，以前买入的继续保留，仍能保持利润，如果股价又开始上行，则前期买进的盈利则随之增加。

有的投资者喜欢全进全出，一开始就重仓参与，一直持股，上涨途中，当看见某一天跌幅比较大时，又全部卖出，后续股价再次上涨时，就只能观望了。

上涨控仓有计划性，按纪律和原则办事，可以更好避免操作的随意性。

## 二、案例及应用

### ➡ 实战案例一：跌幅较大时卖出最后一次买入的份额

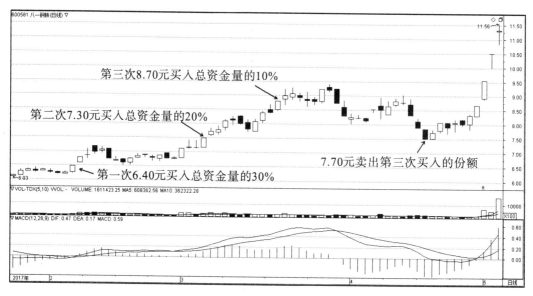

八一钢铁（600581）2017 年 1 月 20 日～5 月 5 日日 K 线走势图

具体操作见上图。

如上图所示，八一钢铁在缩量整理平台出现一次放量突破平台高点大涨，我们判断该股原来寂寞的平衡将被打破，进入股价活跃期，因此，第一次在 6.40 元买入总资金量的 30%，随后的几个交易日里，连续上涨，出现小幅回调，横盘整理几个交易日，成交量严重萎缩，可放心持股。

股价继续上行，突破前高位置时，成交量放大，感觉上涨速度在加快，该投资者第二次在 7.30 元买入总资金量的 20%，该股继续上行，途中有一次短暂小回调，又继续上行，在这一段上涨的时间里，成交量没有特别放大，也没有持续增长，只是保持基本一致的量能。

徐徐上涨的趋势，令人踏实，第三次在 8.70 元买入总资金量的 10%，不过，这次上涨了两日之后，出现小回调，接着又是大回调，然后股价回升了几日，但紧接着连续 3 个交易日大幅回调，回调位置几乎到达第二次买入的位置，几乎把第二次买入以来的涨幅抹去，难道该股到此为止进入调整了？

心里没底，还是减轻仓位吧，于是在 7.70 元卖出第三次买入的份额，保留 50% 的仓位继续观望。

卖出之后，次日，股价企稳，然后逐步回升，最后主力发力拉升，突破前面高点，连续大涨，此时成交量巨额放大，股价进入疯狂涨升阶段。

**操作总结**

该股第一次买入和第二次买入都是在股价突破前面高点后参与，第二次比第一次的股价上涨了 14%，第三次买入是看见股价越来越高，感觉股价将要进入拉升阶段参与的，第三次比第二次的股价上涨了 19%，之后股价继续小涨了一下就进入震荡模式，并且有两次较大幅度的大跌。

第一次两连阴，可以扛一扛，第二次三连阴，跌幅较大，感觉后市困难，选择卖出第三次买入的份额，跌了 11%，第一次和第二次买入的，仍盈利，之后股价企稳，震荡上行，并进入连续拉升涨停阶段，第一次和第二次买入的，获得了较好的收益。

**操作注意事项**

（1）笔者选择的三次买入数量，只是一个参考，读者可以根据自己的情况选择，但有一个原则就是，上涨初期的买入份额应是最多的，以后逐渐减少；

（2）每次在哪个位置加仓，可以根据股价的具体走势来确定，参考值为上涨 10% 左右；

（3）在哪个下跌位置减仓，也应根据市场的变化来定，这里的参考值仍为下跌 10% 左右。

➡ **实战案例二：上涨途中波段操作**

天地科技的具体操作步骤如下图所示：

该股在初期有上涨趋势，我们先参与一部分，第一次在 4.26 元买入总资金量的 30%，事隔两日，该股连续放量大涨，高位横盘整理停留几个交易日后，出现一次大跌，把这个高位平台抹去，不过次日便止跌企稳。

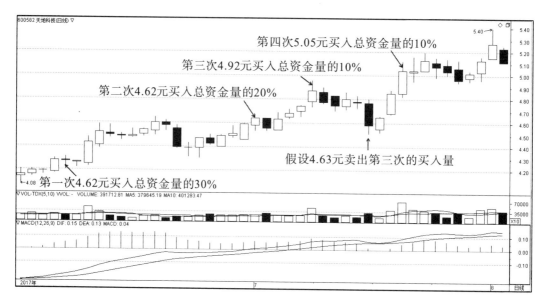

天地科技（600582）2017年6月2日～8月2日日K线走势图

随后，开始缓慢爬升，在成交量没有放大的情况下，静悄悄地突破了前期高点位置，说明主力的行为没有引起更多人的关注，主力也不用使大力气拉升，于是我们在4.62元处第三次买入总资金量的20%，跟随主力的节奏。

主力继续按照原有的节奏上行，在4.92元处，成交量明显放大，股价上涨速度加快，感觉将进入拉升阶段，我们第三次买入总资金量的10%。

但这次判断失误，随后的几个交易日里，股价呈下降趋势，最后一日竟大跌，股价跌到了第二次买入时的价位，因第三次买入判断失误，影响了心态，担心该股持续下跌，在4.63元处卖出第三次买入的份额。

但大跌的次日，股价企稳，主力发力连续拉升，成交量持续放大，突破了前高，于是醒悟过来：原来第三次买入后的那段回调，是主力故意打压，这是为以后拉升做准备。

在5.05元第四次买入前几日卖出去的份额。该股随后小涨又回调再突破前面高点，进入震荡上行模式。

**操作总结**

该股的前3次买入和卖出情况跟实战案例一类似，不同的是，这次卖出后，股价又大幅反弹创新高，感觉该股将继续上涨，故再次买入已卖出的份额。

一只股票上行途中有可能出现大跌情况，为规避风险，可以卖出最近买入的份额，如股价反弹继续上行，趋势比较好，再买入。

此种操作方式也可以理解为纠错式操作，发现错误及时修正，但原则是股价越往上，买入量越少。

# 下跌控仓及实战

## 一、下跌控仓

当股票出现下跌趋势，跌幅达到 10% 时，卖出全部股票，继续观察，当总体下跌达到 50% 时，用已卖出份额资金的 10% 买入，以后每下跌 10%，分别买入 20%、30%、40%、50% 的份额，加仓份额呈倒金字塔形，越下跌，越加大仓位买进，然后，耐心等待股价回升，赚取利润。

**该方法的应用场景**：市场整体环境变差发生系统性风险，市场操作风向突变，个股加速下跌等。

**该操作方法的应用前提**：个股的基本面没有发生变化。

中信证券（600030）2015 年 4 月 24 日～10 月 22 日日 K 线走势图

在 2015 年 6 月初，沪指从 2014 年 7 月的 2050 点，一路涨到 5178 点，当时市场普遍加大杠杆操作，助涨行为越发严重，这引起了监管层的严控，整个市场环境随之恶化，风声鹤唳，失去了新资金的推动，市场又将退出大量杠杆资金，这个市场怎么可能还会涨上去？个股和指数开始有了变盘的迹象，系统性风险将随时发生。

在形势将恶化情况下，如上图所示，中信证券小幅下跌后有加速的趋势，我们在下跌幅度达到 10％时，果断清场，此时，整个市场纷纷大跌，跌停个股越来越多，直到出现 A 股历史上千股跌停潮奇观！

当系统性风险来临时，谁也逃不掉下跌的命运，无论个股的基本面如何如何的好，区别只是在于各自下跌速度的快慢和跌幅的大小而已。

出现系统性风险时，所有股票都快速下跌，跌幅很大，下跌幅度达 50％甚至 70％以上。

鉴于当时市场形势一片大好，以为还会大涨，在 32 元重仓买进。

但紧接着市场出现去杠杆的呼声，监管层态度严厉，形势突变，很多股票开始纷纷大跌，这只股票买入后也马上下跌，先是小跌，接着跌幅加大，这一时期跌停股票开始大量出现，系统性风险骤降，看来这次买入犯了大错，不能再留了，我们在 28.80 元果断清仓，亏损 10％离场。

卖出后，该股在下跌途中，出现两次抵抗平台，但没有支撑，随后再次下跌，一次比一次跌幅更大，放眼整个股票市场，都呈连续大幅下跌状态，个股大面积连续跌停，市场哀鸿遍野。

持续大跌很不正常，根据经验，政府可能会出台救市措施安稳市场，在该股连续大跌过程中，我们寻找机会，在跌了 50％后，在 16 元试探性地买入 10％仓位。

第一次买入后继续大跌，不久，沪指逐步止跌企稳，该股也止跌企稳，进入弱势整理，在 12.80 元，下跌了 60％后，加仓买进 20％。

**操作总结**

刚开始整个市场环境变坏时，可以暂时观望一下，当发现越来越多的股票大跌时，系统性风险来临，必须果断清仓，不管赢亏，不管手中的股票优质与否，系统性风险将碾压所有的股票。

我们在下跌 10％全部清仓，止损离场，在跌幅达到 50％时，尝试性建仓 10％，在跌幅达到 60％时，再加仓 20％，如果跌到 70％，按规则再加仓，就这样保持 30％的仓位，坐等市场回暖，股价回升。

我们选择该股操作的理由是，该股是券商龙头股，业绩不错，市场形象、口碑好。

**下跌控仓操作注意事项**

（1）当市场整体环境变差，可能发生系统性风险时，要随时做好逃命的准备，最多在下跌 10％时，坚决离场；

（2）在持续下跌过程中，冷眼旁观，要耐得住寂寞管得住手，别急于入场；

（3）当股票下跌幅度到达目标位时，只可先小仓买入，如继续下跌，再逐步一点一点加大仓位分批买入。

## 二、案例及应用

### ➡ 实战案例一：整体市场下跌途中别急于参与

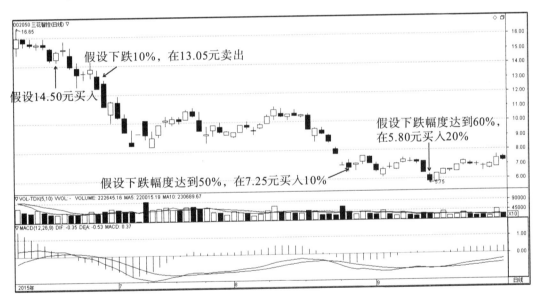

三花智控（002050）2015 年 6 月 9 日～9 月 30 日日 K 线走势图

我们在 14.50 元买入三花智控，但随后市场波动，很多个股开始快速下跌，整个市场变得脆弱不堪，在该股下跌了 10％后，以 13.05 元卖出清仓，随后该股连续大跌，也没逃出大跌的命运。

按照下跌控仓操作方法，跌幅达到 50％小幅参与 10％；跌幅达到 60％，加大仓位 20％买入；该股在下跌了 50％之后，在 7.25 元买入 10％，小幅建仓，随后，该股继续上下摇摆，下跌到了 60％位置，在 5.80 元加仓买入 20％仓位。（见上图）

**操作总结**

该股在 2015 年股灾期间，跌幅超过 60％，跟当时所有的股票一样，持有者损失惨重。我们在发生系统性风险初期，有可能还存在观望心理，但一定不要有侥幸心理。（见下图）

我们在初期可以暂时观察一下，一旦风向不对，必须赶紧离场。但是在大灾面前，也得学会抓住机会，别一大跌，忘记了在跌幅巨大位置补回仓位，为日后回升做准备。

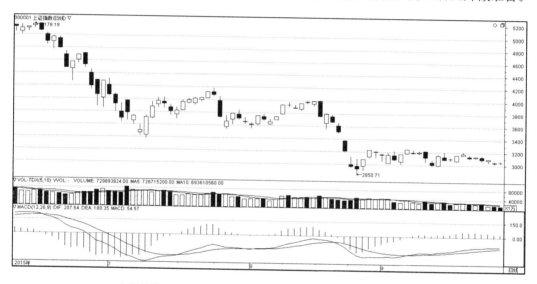

上证指数（000001）2015 年 6 月 9 日～9 月 30 日日 K 线走势图

**系统性风险来临后，别急于参与**

股票市场一旦出现系统性风险，股票整体都会大跌，多头不会在这种市道下贸然进场。震荡整理，是因为股价大幅下跌后，投资者暂时都出现观望情绪，不想再廉价卖出股票了，不过，一旦市场出现风吹草动，投资者又会惊慌失措夺路而逃，这样股价还会再下一个台阶。

所以在这样的市场环境下，千万别贸然进场，一定要等待股票跌幅足够大时，再逐步建仓。

➡ **实战案例二：个股缓慢下跌周期较长**

如下图所示，同洲电子冲高回落后，我们感觉可能是暂时回落，还会上涨，于是在 13.20 元买入，但买入后连续下跌，并跌破前面最低点位置，形态变坏，当下跌10％之后，在 11.88 元卖出。

同洲电子（002052）2016 年 12 月 8 日～2017 年 8 月 1 日日 K 线走势图

卖出后，出现了一个小平台，又继续下跌，再次出现一个横盘整理平台，不过随后连续大幅下跌，经过近 1 个月的快速下跌后，又横盘震荡整理了两个月。在这个阶段，我们找不到上涨的形态，没有参与的理由，继续观望，震荡整理结束后，该股趋势性一路下跌，跌到了 6.60 元，下跌幅度达到了 50%，跌幅巨大，按照下跌控仓原理，符合第一次买入条件，于是我们买入 10% 仓位，之后，该股出现一个小平台，又继续下跌，但下跌幅度没达到 60%，不加仓，该股在 5.40 元回升到达 6.60 元位置出现横盘震荡整理，延续近两个月。

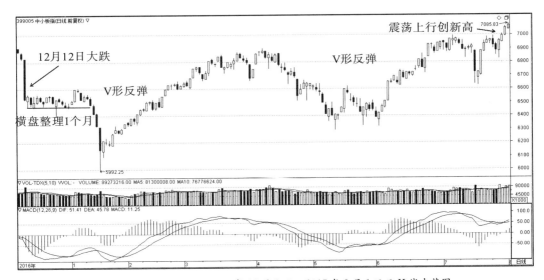

中小板指数（399005）2016 年 12 月 8 日～2017 年 8 月 1 日日 K 线走势图

未来，可根据该股的上涨或下跌趋势，再考虑依照相应形态理论加仓。

该股票属于中小板股票，我们观察同时期中小板指数走势。（见上图）

中小板指数 2016 年 12 月 12 日大跌 4.47%，随后横盘整理了 1 个月，再次大跌，随后反弹，形成了一个深 V 走势，之后再次下跌，出现了一个 W 形走势，右侧反弹超过前面高点后，在震荡中不断创新高。

显然，同洲电子的走势背离了中小板指数的走势，显得特立独行。

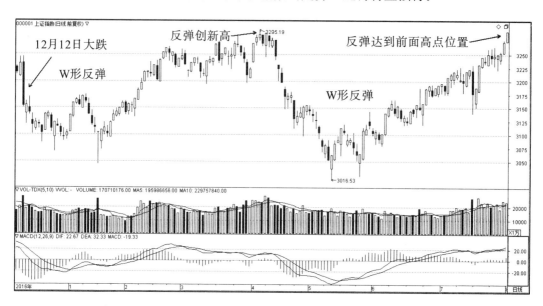

上证指数（000001）2016 年 12 月 8 日～2017 年 8 月 1 日日 K 线走势图

再看同时期沪指走势（见上图）。我们来做一横向比较。

沪指左侧是 W 形，在 W 形的右侧，反弹高度超过前面最高点，之后出现较大幅度的下跌，又形成了一个深 W 走势，在 W 形的右侧，一路反弹达到前面高点位置。

从这两个指数的走势来看，虽然都有两次幅度较大的下跌，但又两次大幅上涨并创新高。

再看看同时期表现较好的贵州茅台。（见下图）

贵州茅台一路震荡上行，总体趋势向上，屡创新高，完全属于个股牛市。

而同洲电子，没有与指数同步运行，跟贵州茅台更是无法相比，属于个股熊市。分析其基本面，原来该企业业绩下滑严重，经营存在较大问题，还好，我们在其下跌初期就已清仓，只是在下跌 50% 后才尝试性参与了 10% 观察，仓位很轻，如果以后它被收购兼并重组了呢？

194

贵州茅台（600519）2016年12月8日～2017年8月1日日K线走势图

对于弱势下行的个股，我们仍然按照下跌控仓方法进行操作，即首次下跌达到10％离场，跌幅达到50％时小幅参与10％，该股最大跌幅为59％，没有达到60％，但市场没有发生系统性风险，只是个股大跌，继续观望。

**系统性下跌和个股持续下跌的区别**

一般发生系统性风险，股票整体都会快速大幅下跌，下跌速度非常迅猛，途中可能有暂时停顿，也可能会有所反弹，但很脆弱，一有风吹草动，股价又将大幅下挫。

个股持续下跌，一般是阴跌，每天的跌幅都不会太大，一旦形成下跌趋势，一般持续时间会很长。

第三式 ▷ ●●

# 向下差价法及实战

## 一、向下差价法

股票被套后，股价下跌企稳，反弹到一定的高度，预计短线见顶时，卖出被套股票，待其下跌一段距离企稳后，再把前面卖出的数量买回，反弹衰竭时卖出，下跌企稳后，再买进，如此反复高卖低买循环操作，降低成本，最终解套，并实现盈利。

兴发集团（600141）2017年9月19日～12月29日日K线走势图

如上图，我们在 20.30 元买进兴发集团 3000 股（投入 30％的资金，以下同理），随后股价下跌被套，下跌到 16.80 元时出现一波小反弹，在 18.70 元反弹衰竭，卖出 3000 股，这次被套割肉出局亏损 4800 元。

随后股价再次下跌，在 17.40 元感觉会有反弹又买进 3000 股，在 18.50 元反弹衰竭时，卖出 3000 股，这次短线操作盈利 3300 元。

之后，该股又再次下跌，在 15.80 元感觉下跌已企稳，又买进 3000 股，在 17 元反弹衰竭时，卖出 3000 股，这次短线操作盈利 3600 元。

如此两次在低位循环操作，成功解套，并实现盈利 2100 元。

**向下差价法与下跌控仓的区别和适用范围**

向下差价法是股票被套后，在反弹时清仓，止损离场，在股票继续下跌过程中，出现阶段性底部再把清仓数量买回来，反弹到一定高度再卖出，如此这样在下跌的各个波段中，反复寻找低点买进，高点卖出，利润积少成多，最终达到减亏盈利的目的。

而下跌控仓是感觉股票将出现很大程度的下跌，在跌幅不大的时候，先清仓离场，然后在股价跌幅达到 50％ 以上时，再逐步分批从小仓位到大仓位买入，等待以后行情回暖时卖出盈利。

向下差价法适用于下跌过程中有起伏的个股，一般抵抗性下跌个股运用较多，这种个股整体跌幅一般都不会太大；下跌控仓适用于单边下跌的股票，一般系统性风险发生时运用较多，个股走势跟指数走势密切相关，整体跌幅较大。

## 二、案例及应用

### ➡ 实战案例一：缓慢抵抗式下跌

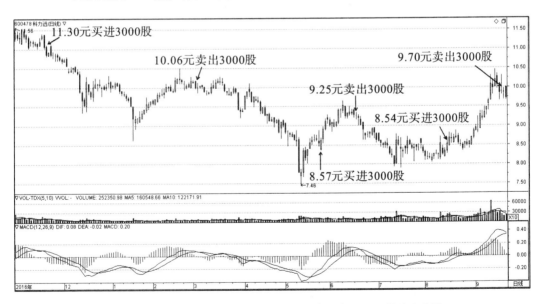

科力远（600478）2016 年 11 月 1 日～2017 年 9 月 21 日日 K 线走势图

如上图所示，科力远经历了一种缓慢抵抗式下跌且时间较长，运用向下差价法解套需要有一定的耐心。

我们在 11.30 元买入后被套，经历了一段时间的缓慢下跌后，股价出现了一次小反弹，于是在 10.06 元卖出，亏损 3720 元。

之后，股价震荡缓慢下跌，最低跌到 7.46 元后反弹，我们在 8.57 元买入，9.25 元卖出，获利 2040 元，随后股价再次下跌，企稳后，在 8.54 元买入，9.70 元卖出，此次操作获利 3480 元。

经历两次低位循环操作，成功解套，并获利 1800 元。

### ➡ 实战案例二：急跌参与

亚翔集成（603929）2017 年 4 月 20 日～9 月 12 日日 K 线走势图

如上图所示，亚翔集成 4 个月的时间内，经历了 3 次急跌，然后止损回升。

我们在 26.60 元买进后就被套，股价急跌后有所回升，但感觉还将下跌，于是在 23.10 元割肉卖出，亏损 10500 元。

股价在又一次急跌后企稳，19.80 元买进，20.40 元卖出，此次操作获利 1800 元。

第三次急跌后再次企稳，19.40 元买进，21.70 元卖出，此次操作获利 6900 元。

经历两次低位循环操作后，亏损降低到 1800 元。

尽管该股运用向下差价法操作了两次仍然亏损，但比被动死守已大幅减亏，仍是值得安慰的。

**股票被套后，何时运用向下差价法**

股价在下跌过程中，可能会出现急跌，一般急跌后，有可能出现短暂反弹，此规律为向下差价法的运用创造了条件。

被套股票在反弹出局后，下跌途中出现急跌时，注意找机会再次买进，短暂反弹结束时卖出，如此多次操作，即可实现解套甚至盈利。

## 第四式

# 向上差价法及实战

### 一、向上差价法

当股票买入被套后，等待股价继续下跌企稳，判断有可能会有所反弹时，在低点位置再次买进，买进数量少于被套时的数量；当反弹到一定高度衰竭（不一定会到第一次买入被套的价格），卖出第二次买进的份额，再下跌，再买入，反弹衰竭时再卖出，如此这般反复多次操作，即可降低当初买进股票的成本，弥补亏损，最终解套。

此种方法需要在低位找到买入点补仓，在反弹结束时卖出，反复倒腾，降低成本。

如下图所示，东北电气在 7.30 元时，我们感觉有越涨越快的趋势，在此处买进 3000 股，过了一天，股价却连续两天一字板跌停，根本无法卖出，之后继续下跌，最低点为 5.15 元，亏损接近 30%，严重套牢。

该股在最低点位置之后的两个交易日，缩量企稳，判断该股或有反弹，于是在 5.40 元买进 2000 股，之后，该股果然出现一波小反弹，在小反弹衰竭时，6.10 元卖出，这波小反弹，盈利 1400 元，此时，在 7.30 元买进的 3000 股还亏损 2200 元。

该股之后又出现了一次短暂的大跌，在股价企稳后，该投资者在 5.80 元买进 2000 股，随后股价从缓慢到快速上涨到 6.80 元，卖出 2000 股，这一波反弹，盈利 2000 元，经多次操作，最终成功解套，并实现盈利 2100 元。

东北电气（000585）2015年10月14日～2016年7月18日日K线走势图

我们抓住了两次小反弹的机会，成功解套并实现盈利。如果不利用向上差价法操作，被套后，一味被动死守坐等股价涨回原位，则等待时间较长，且有不确定性。采用向上差价法是一种积极主动的解套方法，多次反复循环操作，会更快实现解套并盈利。

## 二、案例及应用

### ➡ 实战案例一：两次循环操作

对汇源通信，我们使用向上差价法，通过两次在低位循环操作，基本实现解套。操作如下图所示。

我们在22元买进3000股后被套，股价一路下跌，下跌途中没有抓住反弹减少亏损的机会，只好被动拿着，在低位企稳后，16.60元买进2000股，反弹到一定高度出现回落迹象时，19.60元卖出低位买进的2000股，实现盈利6000元，股价再回落再企稳后，17.70元买进2000股，反弹出现衰竭时，18.90元卖出这次买进的2000股，实现盈利2400元。

原来在22元买进的3000股，如一直持有到18.90元，将亏损9300元，而通过向上差价法两次操作后，减亏8400元，实际只亏损了900元，已大幅减少亏损，基本实现解套。

汇源通信（000586）2016 年 12 月 20 日～2017 年 6 月 26 日日 K 线走势图

⇒ **实战案例二：三次循环操作**

金洲慈航通过 3 次在低位循环操作，基本实现解套。参见下图。

金洲慈航（000587）2015 年 10 月 9 日～2016 年 3 月 4 日日 K 线走势图

我们在 12.40 元买进 3000 股后，股价快速下跌，无奈被套，在低位企稳后，运用
向上差价法，第一次在 10.10 元买进 2000 股，10.60 元卖出，获利 1000 元；随后股价

仍下跌，企稳后，第二次在 9.40 元买进 2000 股，10.30 元卖出，获利 1800 元；之后股价又下跌，企稳后，第三次在 9 元买进 2000 股，买进后，仍有小跌，不过股价很快反弹，在 9.60 元卖出，本次操作获利 1200 元。

通过 3 次运用向上差价法，减少亏损 4000 元，该股还亏 4400 元，需要在以后寻找机会运用向上差价法解套，并实现盈利。

**运用向上差价法解套的前提**

（1）账户上有可操作的现金；

（2）股价下行有抵抗，有局部反弹；

（3）准确判断买进、卖出时机；

（4）反复多次积极操作。

## 小　结

本招讲述了上涨控仓、下跌控仓、向下差价法、向上差价法的实战应用。

上涨控仓运用于上涨的股票。股票在上涨过程中，先期仓位重一些买入，涨到一定幅度，再轻仓买入，继续涨，又以更轻的仓位买入，如果出现一定程度的下跌，卖出最后这一次买入的份额，以前买入的暂时留着。

上涨控仓的操作思路是：股价越往上，再涨越难，分批次买入需更谨慎，分辨不清主力在高位震荡回落是否为上涨终结，就先卖出一批，如继续下跌，再卖出一批，最坏的结果就是坐了一次过山车，变得白辛苦一场，而最好的结果却是，能够经得住主力在高位的折腾，主力在高位假摔之后，最多因被迷惑卖出了部分股票，主力假摔之后继续拉升，仍保留的仓位将享受到更大的果实。这也是截胡敌手的办法之一。

下跌控仓、向下差价法，则是在股票下跌过程中，化解套牢盘，摆脱亏损困境，"败中求胜"的操作方法。

下跌控仓是在发生系统性风险时运用的一种败中求胜的方法，此方法的操作思路为，当系统性风险来临初期，小跌时全部清仓，在下跌幅度达到 50％ 以上时，开始逐步从小到大加仓，等待以后行情好转时盈利。

向下差价法是个股发生抵抗性波段下跌，在反弹时，先卖出原来买进的份额，再寻找下跌途中的波峰、浪谷，反复卖出、买进，不断降低亏损的方法，这种方法主动性强，技术要求较高，适合波浪形下跌的股票，而单边弱势下跌、没有波动的股票，无法使用此方法。

　　向上差价法的操作原理大致跟向下差价法类似，都是在波段性下跌的过程中，寻找波峰、浪谷，反复卖出、买进，降低在高位买入的损失，但不同的是，向上差价法是在高位买入被套后，一直持有不动，而向下差价法则是在有反弹时，先卖出。在实际中，究竟使用哪种方法，主要依据股票的形态来决定，如果股价下跌后，很快反弹，反弹的高度接近高位的买入点，则使用向下差价法较合适；如果股价下跌后，延续下跌时间较长，第一次反弹高度不大，则使用向上差价法较好。

第十招

# 野马分鬃：转折起势，强劲反转

2007

2010

2013

野马分鬃招数，表示强势迎战，如野马一般鼓起战斗意志，搏击动作舒展，如野马长鬃。据说古时野马长鬃，可能用猛然分甩的动作制敌，可见这个长鬃力量之大，而野马不可一世的雄风，在气势上就压倒了对手。

野马分鬃在太极拳运动中是拳掌类基础动作，在使用上，是设想敌人用右手或者右脚发动进攻，我则对应右手或者左脚转换迎击，牵制、化解敌人招数，令其跌出战场，逢凶化吉。敌人必被我劲力和气势吓倒，但顽敌常常负隅顽抗，不甘心失败，仍将垂死挣扎，我方不可泄气，应一鼓作气，乘胜追击，迅即调整角度姿势，腰身蓄力，双手出击。

野马分鬃时期股票，属于股票生命周期里的拉升前期阶段，股票经历这一时期的磨炼后，将进入较快的上涨期，如野马分鬃一般凌厉。

在这一时期，股价有可能处在较低位置，仍阴阳相间停滞不前，也可能已碎步小涨了一段距离，对于未来趋势是否进入快速上涨期，还需要仔细鉴别，一旦得到确认，及时参与，在较短的时间内获得股价较大涨幅带来的利润。

股市上野马分鬃的主要表现形态有：上涨缺口、底部岛形反转、空中加油、底部抬高突破、上涨途中小平台突破。

下面分别讲解招式。

第一式 ●●

# 上涨缺口及实战

## 一、上涨缺口

股价高于昨收盘价开盘，全天没再回到昨收盘价，在日 K 线走势图上，留下一个真空区域，这个区域称为"缺口"，在未来的一段时间里，如果股价都不会跌下来填补这个缺口，那么此缺口即为上涨缺口。

上涨缺口又可分为突破缺口、持续缺口、衰竭缺口。

从上涨缺口发生的缺口高度大小、阳线长短和所处位置，可以预测走势的强弱，确定股价是持续上涨，还是勉强上行。

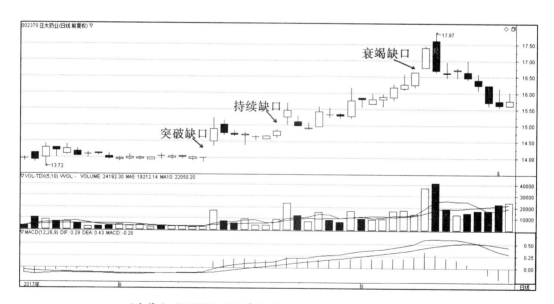

亚太药业（002370）2017 年 7 月 19 日～9 月 21 日日 K 线走势图

如上图所示，亚太药业的走势就是经典的缺口：突破缺口、持续缺口、衰竭缺口。

该股前期在一段时间的缩量窄幅整理后，突然放量跳空高开上行，之后的交易日，也没回补缺口，股价上了一个台阶后，又再次跳空高开，之后的交易日有所回落，但股价仍没填补缺口，股价步入上升通道，最后股价拉升时，出现了一个衰竭缺口，股价仅仅维持两天的高位后，就逐步回落，该股的强劲上涨也宣告结束。

**股票出现多次缺口的含义**

一般股票完整出现突破缺口、持续缺口、衰竭缺口的，表现都比较强劲，并且持续时间长，第一次缺口的出现，有很大的突然性，一般出现在较长时间的窄幅震荡后，当出现突破缺口后，继续观察，如之后的时间里，这个缺口没被补上，股价有可能继续上行，表现更强的话，还会出现跳空缺口。

当再次出现缺口时，应为持续缺口。如这个缺口在随后的交易日里还是没有补上，股价将继续上行，最后有可能还会出现一个缺口，此时就要警惕了，这个缺口有可能是衰竭缺口，没有力量再强势拉升了，通常情况下，股价短时间再上冲一下，在上面形成一个岛形，股价即掉头而下，至此，上涨结束。

## 二、案例及应用

➡ **实战案例一：出现两次缺口**

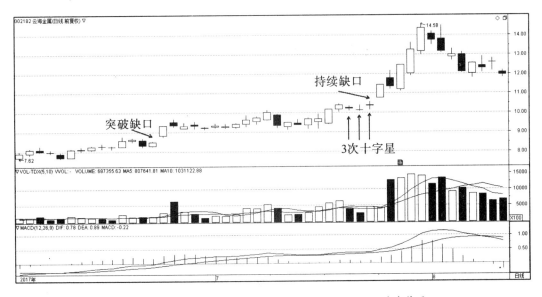

云海金属（002182）2017年6月6日～8月10日日K线走势图

上图显示，云海金属从底部缓慢上行到一定位置后，突破跳空高开大涨，成交量同步放大，形成突破缺口，股价在高位缓慢平稳上行，出现了两个逐步抬高的平台，在这两个平台都出现了3次缩量十字星，意味着将变盘而且是向上变盘的，后面一个十字星的变盘，是跳空大涨，形成持续性缺口，随后股价更强劲拉升，成交量巨额放大。

**如何参与上涨缺口形态股票**

股票出现缺口形态，不一定出现3次完整缺口，两个缺口更常见一些，一般第二次出现缺口后，股价会表现得更加迅猛，如果第一次缺口突然出现，不能提前预判，那么当第一次缺口出现后，观察几日没回补，股价又在小涨过程中，即可考虑参与进去。

当出现第二个缺口后，不一定持股等到第三个缺口的出现，很多股票并不会出现衰竭缺口，股价快速拉升到一定高度就可能结束涨势，就需要考虑退出了。

➡ **实战案例二：1个突破缺口**

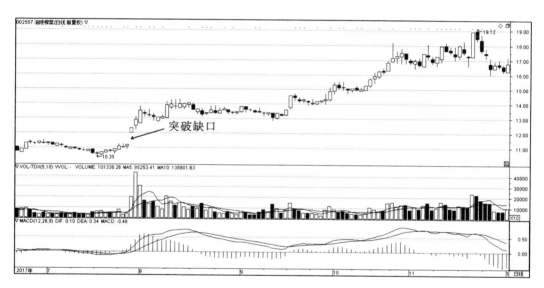

涪陵榨菜（002507）2017年6月22日～12月1日日K线走势图

上图显示，涪陵榨菜只出现了1个缺口，之后一路上行。

该股在左侧先是持续小幅下跌，跌幅超过前面最低点后止跌，缓慢回升，在接近前面最高点位置时，成交量极度萎缩，面临选择。

次日大幅跳空大涨，成交量突然巨额增大，前面高点一涨而过，之后两日持续拉升，远离缺口位置，突破缺口由此形成。

突破缺口形成后，该股股价走势出现这样一个规律：先大涨两日，然后缓慢回落或构筑一个平台，之后再大涨两日，拉升到一个新高度，再缓慢回落又构筑一个更高位置的平台，这样的大涨拉升经历了4次、平台也构筑了4次，到最后，连续小幅上涨再进入震荡上行模式。

**运行总结**

在市场整体弱势的情况下，出现 1 个缺口的情况较多，上涨都是缓慢上行，有的持续性长，有的持续性短，它不像有两个缺口的股票，第一个缺口之后是缓慢上涨，第二个缺口之后，才快速拉升。

## 第二式 ▷●●

# 底部岛形反转及实战

## 一、底部岛形反转

从底部开始回升的股票，可能出现跳空大跌，在日 K 线上留下一个下跌缺口，当天以实体大阴线报收，并且跌破近期的低点位置，给人感觉新的一波下跌将开始，但次日，股价就稳定下来，用大约 10 个交易日时间构筑一个平台，最后一次放量跳空高开，形成一个上涨缺口，突破下跌缺口前的高点，一举扭转远离底部平台，那么这个底部平台，就叫底部岛形形态，向上突破这个形态，就叫底部岛形反转。

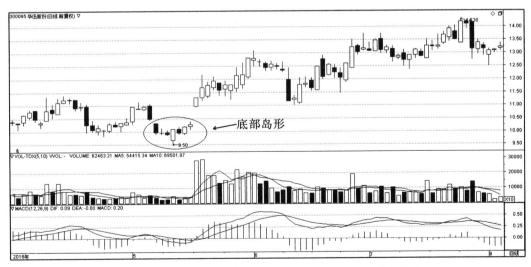

华伍股份（300095）2016 年 3 月 31 日～8 月 3 日日 K 线走势图

上图显示，华伍股份在两次震荡上行过程中，出现两次大幅回落，最后这一次大幅回落后，跳空低开，形成一个向下的缺口，在缺口位置，7个交易日时间构筑底部，然后大幅跳空上涨，报收涨停，留下一个很大的缺口，成交量骤然放大，之后，股价持续上涨，快速远离向上跳空缺口，成交量持续放大，前面高点被迅速超过，买盘强劲，回头看，在底部留下一个底部岛形反转形态。

**如何参与底部岛形反转股票**

参与底部岛形股票有两次机会：第一次在跳空低开后的几天时间里，观察成交量是否严重萎缩，大部分时间股价不再继续下跌，但可能某一天再突然跳空低开后当天又回补缺口，成交量仍是极度萎缩，然后再继续观察，如果发现股价企稳，或有所上涨，此时可以考虑试探性建仓；第二次是当出现大幅跳空高开并上涨，涨过前期高点，成交量巨额放大，底部岛形基本成形，可再次加仓。

## 二、案例及应用

➡ **实战案例一：多个缺口岛形反转大涨**

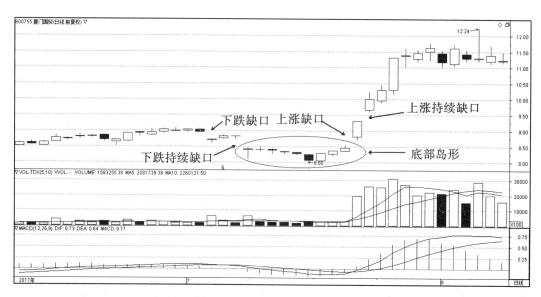

厦门国贸（600755）2017年6月13日～8月8日日K线走势图

如上图所示，厦门国贸原本以心电图的形态往上磨，但出现了一次向下的跳空缺口，在此位置维持了3个交易日再次出现向下跳空缺口，之后先小幅阴跌后回升，在

10 个交易日里，成交量都极度萎缩，维持脆弱的平衡，随后向上跳空涨停，成交量突然巨额放大，并突破前面最高点，这样在底部就形成了一个底部岛形反转形态，在向上跳空涨停后，接着又出现向上跳空缺口，连续放量大涨。

该股出现的缺口较多，有下跌缺口、下跌持续缺口、上涨缺口、上涨持续缺口。

该股底部岛形形态的形成快速，反转极端。

**为什么底部岛形股票再次大跌的成交量是极度萎缩的**

岛形股票在底部仍有可能出现一次较大的下跌，但其成交量是极度萎缩的，这是因为已没有恐慌性抛盘，持有该股的不坚定者早已卖出，术语叫浮筹；已被清理，继续持有的，对股价下跌已麻木不仁，术语叫锁仓。该股的主力通过这样打压试盘，从成交量上测试出投资者的心态，从而为以后的炒作提供路线图。

底部岛形上，主力故意再次打压，如成交量仍是极度萎缩的，说明该卖出的，已卖出了，不再会有多少人卖出了，主力马上即可转为跳空高开拉升，这样就不会有太大的阻力。

反之，如果主力在底部岛形上打压时，涌出很多卖盘，成交量很大，说明还有很多人想卖出，此时，主力就不会拉升，所谓的底部岛形反转形态也就不成立了。

**➡ 实战案例二：缓慢上涨**

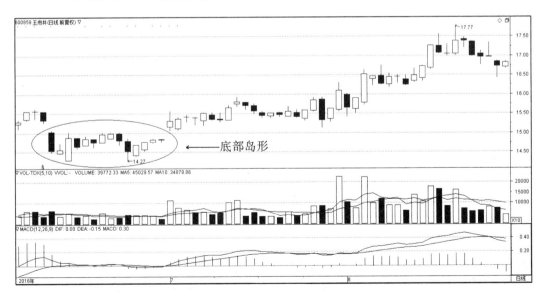

王府井（600859）2016 年 6 月 3 日～8 月 26 日日 K 线走势图

上图显示，王府井在向下跳空大跌后，即稳定下来，在 14 个交易日里，构成了一个震荡整理平台，最后出现一个量能极度萎缩的十字星，预示将出现变盘，次日股价选择向上变盘，跳空上涨。左边下跌缺口和右边突破缺口比较对称，缺口高度相仿，右边的突破缺口形成后，是以比较缓慢的姿态上行的，显得并不是很凌厉，主要是，突破缺口高度不够，力度不大，当天涨幅不是很大，没有一举突破前期高点，成交量也不是非常巨大。不过，该股尽管涨升速度慢，但其上涨趋势确是非常明确的，突破后，先缓慢窄幅运行，构筑一个平台，然后再震荡上行，成交量也配合放大。

**底部岛形反转的特征**

（1）左侧、右侧都会出现一个缺口；

（2）底部时间不会太长，一般在 10 个交易日左右，短则数天；

（3）在底部或仍有一次幅度稍大的下跌，或跳空低开后当天就回升收复缺口；

（4）底部的成交量一定是极度萎缩的；

（5）当出现突破缺口时，成交量一定是巨额放大，股价大幅高开，很可能涨停；

（6）股价反转后，将会持续上涨。

## 第三式 ▷ ●●

# 空中加油及实战

## 一、空中加油

股票放量大涨，超过前期高点，在高位出现短暂的横盘整理，后大幅上涨，股价再次接力上涨的过程，即为空中加油。

空中加油股票的特点是：一是前面已涨幅较大，后面继续大涨；二是在前后之间，一定要出现一个小平台，此为空中加油平台；三是成交量大幅放大；四是短线强势特征明显。

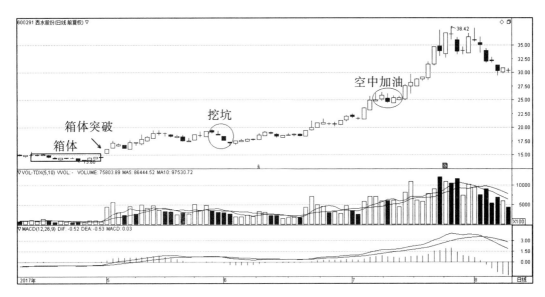

西水股份（600291）2017年4月10日～8月9日日K线走势图

上图显示，西水股份从底部起来后，一路上行，中途开始加速，在连续两天大涨后，短暂横盘整理了5个交易日，经空中加油后，以更快的速度上冲，在短短的9个交易日里，最高涨幅达50％以上。

**空中加油图形的完整走势**

前期经历一段时间底部横盘震荡，时间越长越好，然后突破箱体，成交量巨额放大，股价脱离底部区域开始缓慢上行。

上行途中经历一次挖坑行为更好，这样可测试投资者对股价下跌的态度，如成交量突出放大，则未来主力拉升困难，主力还得反复折腾，把浮动筹码清洗出去，而不会马上进入拉升阶段；如成交量是萎缩的，则说明大部分持股者不受股价下跌的影响，持股坚定，主力拉升不会受到多少影响。

然后主力开始加快上行步伐，越拉越快，并突破前期高点，此时，主力选择暂时休息，观察一下形势，一些不坚定投资者可能看见涨幅已巨大，会选择卖出，这样搭便车者减少，主力达到目的，就不会多次挖坑打压，在半空中休息的时间也不会太长，一般数个交易日即告完成。

短暂休息之后，将进入最激动人心的拉升，涨幅更为巨大，时间更短。

## 二、案例及应用

### ➡ 实战案例一：空中加油平台震荡清洗

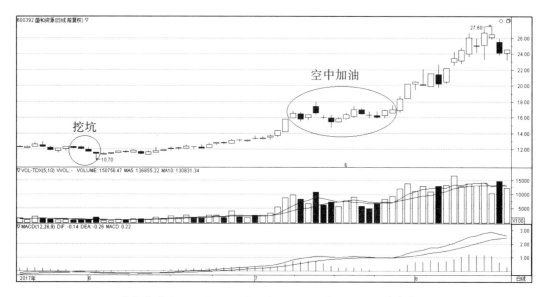

盛和资源（600392）2017 年 5 月 17 日～8 月 17 日日 K 线走势图

上图显示，盛和资源前期经历了一次挖坑后，股价缓慢上行，成交量也逐渐放大，股价突破前高后，上涨速度加快，放量拉升，这段时间的涨幅有 30%，然后股价宽幅震荡，一些浮筹被清理，完成空中加油，之后股价快速上涨，成交量持续放大，在半个月的时间里，大涨 60%以上。

该股空中加油平台出现了一次上冲下穿的走势，让人很担心，毕竟前面的涨幅已大。但后面的走势却说明，主力这样的行为，是为后面的拉升清洗筹码，赶出跟风者。

**为什么空中加油后，成交量持续放大**

空中加油前，股价是缓慢上涨的，并不为广大投资者所注意，进入拉升前，成交量才开始突然巨额放大，被更多的投资者所关注和参与。

空中加油后，大幅拉升，必然吸引广大投资者的注意和参与，短线参与者持续增加，换手率一直维持在较高水平，在大量资金的持续推动下，短时间内股价涨到了更高的位置。

**➡ 实战案例二：空中加油平台横盘整理**

方大炭素（600516）2017 年 6 月 5 日～8 月 17 日日 K 线走势图

上图显示，方大炭素上涨走势明确，没有拖泥带水——长时间底部横盘后，股价缓慢上升，成交量缓慢放大，量价配合理想，主力也没有挖坑的小动作。

股价加大幅度拉升后，进入空中加油状态，时间为 6 个交易日，股价起伏不大，窄幅横盘整理，基本上维持在一条水平线上。

空中加油后，股价迅速拉升大涨，进入大涨模式，在不到半个月的时间里，最大涨幅竟达到 95％，获利非常丰厚。

**空中加油股票有哪些特征，如何参与**

（1）从股价来分析，如果有股票从底部缓慢爬升，途中遇到挖坑打压后，又爬升，并越涨越快，此时应引起高度重视，不妨先参与进去，此为第一次机会；

（2）成交量将随着股价的上升开始同步增大；

（3）股价加快上涨后，突然停顿下来，或宽幅震荡，或横盘整理，时间不长，通常在 15 个交易日以内；

（4）当停顿时间结束后，股价开始以更快的速度拉升时，可判定该股为空中加油型，可立即追涨，此为第二次机会。

## 第四式 ▶ ●●
# 底部抬高突破及实战

### 一、底部抬高突破

股票从底部，上行一段时间，回落一下，再上行，再回落，又上行，每一次回落的底部都比上一次的底部抬高，最后将突破放量大涨。

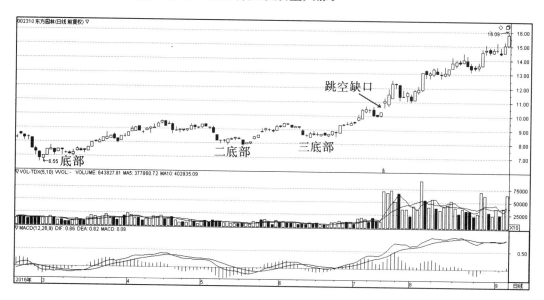

东方园林（002310）2016年2月19日～9月6日日K线走势图

上图显示，东方园林从左侧底部开始，缓慢上涨，历时近两个月，涨过前面高点，再以两个交易日大跌，抹掉一个多月的涨幅，很快企稳，用9个交易日构筑一个比前面底部更高位置的第二底部，然后接连两次跳空高开，迅速脱离第二底部区域，缓慢上行，并到达前期高点，此时，股价并没有突破上行，而是出现一个小的跳空缺口回落，又用9个交易日时间横盘整理，再以一条大阳线脱离这个横盘整理平台，即第三底部，缓慢上行中突破前高。

该股最后小幅回抽确认后立即跳空上涨，成交量巨额放大，在以后的交易日里，成交量都保持较高水平，股价从此以后，上涨速度加快，在震荡中不断创新高。

构筑了 3 次底部，一次比一次抬高，最后一次底部跌幅不深，然后逐步上行，并超过前期高点。

该股的突变是出现向上跳空缺口后，成交量巨额放大，并且在后面的时间里，大部分时间保持巨额量能，股价因此越走越高。

**何时参与底部抬高股票**

股票底部抬高的过程，是主力蓄势的过程，也是对该股投资者进行测试的过程，这个过程比较缓慢，可能长达几个月。在底部抬高形态形成之前，投资者也不好辨别，只有经过长期耐心跟踪，当一个底部比一个底部抬高，并且越到后面，底部越浅时，形态成立，才可参与。

## 二、案例及应用

➡ **实战案例一：中间底部位置相当**

海宁皮城（002344）2016 年 7 月 27 日～11 月 28 日日 K 线走势图

如上图所示，海宁皮城从底部跳空上涨，突破前高，成交量放大，震荡上行后，出现一次回调，形成二底部，继续缓慢震荡上行，受阻于一次向下跳空缺口，此缺口为衰竭缺口，马上即稳定下来构筑了一个小平台，不过此平台再次被一次较大幅度的下跌打破，又用 4 个交易日构筑小平台，这个小平台出现 3 次十字星，量能极度萎缩，预示将变盘。这个小平台，为三底部，三底部与二底部位置相当，随后成交量明显放大，股价上行，突破前高，继续缓慢上行，出现一次小回调，此时成交量极度萎缩，用7个交易日构筑了一个小平台，此为四底部，后一举突破原本的缓慢走势，成交量巨额放大，次日，成交量进一步巨额放大，至此，股价开始在高位运行。

该股经历了四重底，二底部和三底部的位置相当，四底部最浅，跌幅不深，预示着底部抬高突破在即。

从该股图形可以看出，如果说在底部、二底部，甚至三底部刚形成时，还不敢妄下结论该股走势为底部抬高突破图形，那么当出现四底部时，就应该能确定筑底完成而果断参与进去。

类似这种走势的股票，激进的投资者可以在三底部涨起来，超过前高时参与进去。

➡ **实战案例二：多重底部**

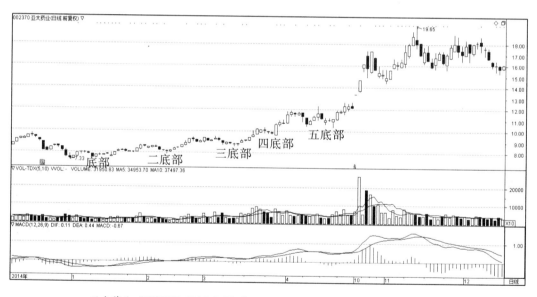

亚太药业（002370）2014年12月10日～2015年12月15日日K线走势图

上图显示，亚太药业经历了五重底部，一个比一个高，股价最后一飞冲天。

该股从底部缓慢上行，出现一次回落，形成了一个二底部，这个底部位置比前面底部更高，之后继续以连续小阳线的方式上行，接近最前面的高点位置，成交量开始放大，但也不急于突破，股价回落，形成三底部，再以连续小阳线的方式悄悄突破最高点，突破最高点后，仍不急于拉升，而是小回调，形成四底部，这时，主力开始有心用力，接连加大力度拉升，让人有了更多的期待。但主力再次打破人们的预期，打压股价，在五底部反复震荡，而且比前面几次底部的震荡大得多，有人可能会在这个位置被清洗下车，主力也正是此意。

五底部震荡完成之后，股价小幅上涨，先缓慢突破五底部前面的高点，该公司突然在 4 月 28 日停牌宣布重大资产重组，10 月 21 日复牌时，一字板涨停，次日起又连续 3 日涨停，涨停打开后小幅回调，又继续上冲。

该股如此这般多次折腾，看来是主力处心积虑的结果，因此，作为一般投资者来说，要学会鉴别，凡是比较曲折的上涨形态，要多花心思揣摸，想明白之后大胆介入，别看着一只股票越涨越高而不知何为。

**多重底部形态股票如何参与**

从最底部起来的股票，当股价回升超过前期高点时，不管它是否会经历二重底部三重底部，都可以参与进去，如果一定要在它的底部出现了 3 次以上更明确的买入信号之后才参与，可能股价都已经涨得比较高了。

事实上，有很多股票是在底部区域蛰伏，有可能在左侧，底部越来越低，然后在最底部位置稳定下来，之后在最底部的右侧，股价上行中，又会出现多个阶段性的底部，右侧底部一个比一个高，最终累积涨幅相当惊人，这种类型的股票，可能不会出现非常明确的阶段性拉升，而是先期出现一次比一次更低的底部，然后再出现一次比一次更高的底部，股价不断上行，这种类型的走势时间会比较漫长，有可能半年到一年时间，如下图所示双象股份的走势。

该股从左侧开始，先出现一低底部，然后略为上涨再横盘整理，最后出现回落，股价下了一个台阶，企稳后，形成二低底部，又缓慢上涨，震荡中，小回落，形成三低底部，再上行又回落，出现四低底部，再上升又回落，股价回落幅度较大，比前面回落下来的位置都更低，用 12 个交易日构筑了一个最底部，企稳后连续小阳线上行，又到了前面 3 个底部的最高点位置。

显然主力并不能马上有所作为，股价又回落下来，形成二高底部，再以非常缓慢的方式连续上行，遇前高再次小幅回落。

开始突破最高点时，主力大力拉升涨停，成交量巨额放大，次日跳空高开大涨，成交量再次放大近一倍，前期的套牢盘涌出，主力悉数接收，股价接着连续拉升，成交量保持巨量。

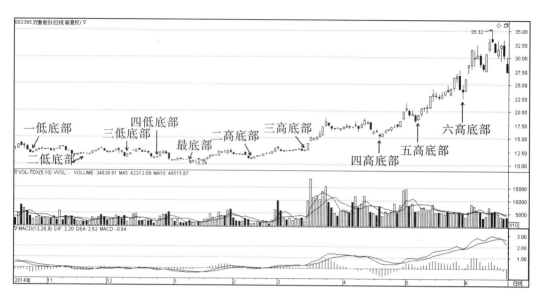

双象股份（002395）2014年10月17日～2015年6月19日日K线走势图

三高底部股价连续大力拉升上来后，在高位横盘整理了一段时间再次回落，又形成了一个四高底部，再缓慢上行，突破近期高点时，又是大力拉升，成交量巨额放大。

拉上去后，马上回抽确认，形成五高底部，接着以较快的速度往上拉升，再回抽，形成六高底部，这次底部是该股最后大涨前的最后一个底部，主力最后拉升是以涨停、跳空涨停、再涨停的疯狂方式进行的。

**如何揣摩构筑若干次底部形态的主力意图**

这种类型股票的底部太多，让人看得眼花缭乱，一时可能不知如何下手。

我们可以揣摸最底部之前的各个底部起源，密切关注最底部之后，前面几个底部形成的过程，把握股票走势的脉搏，参与进去才有胜算。

从该股的运行过程可以看出，主力运作时间达8个月以上，准备很充分，在最底部之前，就开始进行若干次压制，最底部之后上涨阶段，也不急于表现，仍不露声色多次打压，最后主力才显露本色，连续拉升大涨。

对于这种长线主力，大家可以通过若干个底部形态来揣摸，可以分为三段来观察分析，第一阶段为连续下降底部形态；第二阶段为最底部区域形态，这个形态最关键，是转势分界点；第三阶段为连续上升底部形态。

投资者，可在第三阶段初步形成时参与，主力运作时间很长，我们要有足够的耐心和思想准备。

## 小　结

本章分析了上涨缺口、底部岛形反转、空中加油、底部抬高突破、上涨途中小平台突破 5 种形态，它们在不同阶段，都表现出了野马分鬃的强势特征，最能让投资者心动。但如何在上涨前抓住它们，却是令投资者很困惑。

缺口形态的出现很突然，很难预见，而当出现时，往往趋势很明确。需区分有无不同缺口，如突破缺口、持续缺口、衰竭缺口。弱势股票出现突破缺口后，可能不会再有新的缺口出现，强势股票就有可能出现多个缺口，可以从分析股票的强弱来判断，强势股票也可能不出现多个缺口，但趋势性应该很明确，对于是否参与给出了明确信号。

底部岛形反转形态，一般容易判断。底部岛形形态形成后，右侧股价将处于上升过程中，有急有缓，一般很难跌回岛形位置，在底部岛形没有形成前，如只是左侧出现跳空下跌突破缺口，再马上稳定下来，构筑一个小平台，有的投资者可能急于给出底部岛形将形成的结论，想提前参与，但此时，其实是不能确定右侧马上将出现跳空上涨突破缺口的，未来有各种可能性，在趋势没有走出来之前，还是不要贸然参与，万一这个底部再下一个台阶呢？我们只有当底部岛形形态真正确立之后，才可以见机参与。

空中加油形态属于锦上添花，股价大幅上涨之后，做一短暂停留，在一个小平台上，股价再次起飞，后面这次起飞将在更短的时间里飞得更高。问题是在股价涨幅较大的情况下，某天停顿下来了，你有胆量参与吗？这就考验一个人的技艺和胆量了，观察一只股票是否涨到头，需要综合判断，特别需注意主力资金进出变化、大单变化、市场热点变化等。

底部抬高突破的主力往往意在长远，历时较长，很有耐心，缓慢上涨、回落筑底部平台，再缓慢上涨、再回落筑高一点位置的平台，反反复复，成交量上也不会有什么变化，长此以往，磨掉人的耐性，以时间换空间，经历足够长时间后，主力将选择合适的时机拉升，而这时，往往股价在不知不觉中，已很高了，很多投资者又失去了参与的兴趣。这种类型的股票还有可能慢慢磨到一定位置后，突然停牌，公告重大事项，等待一段时间复牌后，只能看着它一字涨停板连续大涨了。

# 金刚捣碓：积万钧之力，搏击涨停板

2007

2010

2012

**金**刚捣碓，如神话金刚一般，手持降魔杵，怒目圆瞪，浑身散发威武之气，跺脚、击掌，势大力沉，有雷霆万钧之气势。

太极拳的这一拳法颠覆了人们的认知，谁不知道太极拳的动作就是阴柔、舒缓、有序的呢，金刚捣碓拳法，这还是太极拳吗？

其实太极拳拳法里面，还是有比较刚烈的动作的，只是这种刚烈的动作相对比较少而已，这对于有孔武之力的人来说，正好对上路子，而对于体质柔顺的人来说，多一项力量型拳法，可以强壮体格，展现肌肉力量。

捣碓的一呼一吸、一落一起、一哈一震，威震四方，让整个身体感受到强力的冲击，气血通泰，周身舒畅，每一个毛孔都张开，汗水、浊气皆排出，使人神清气爽，心旷神怡。

这样的力量，这样的气势，谁能敌？

金刚捣碓时期股票，属于股票生命周期里最强劲的上涨阶段，它可能是横盘期间股票，直接连续涨停板呈现，也可能是股价上涨到一定阶段后，连续涨停板进入最后的疯狂。

炒股的最高境界，莫过于获得连续涨停板，这是广大投资者孜孜不倦苦苦追求的。不过，当机会来临时，很多人往往裹足不前，因为有追涨的嫌疑，不符合这些人的操作习惯。从适当性管理来说，确实不适合谨慎稳健型投资者，这一阶段的参与者，只适合激进型投资者。

激进型投资者需要以坚定的意志、过人的胆识、果断的手法参与拉升中可能涨停的股票。

金刚捣碓在股市中的主要技法有：龙头股追击、直线拉板法、涨停回调买入法。

下面分别讲解招式。

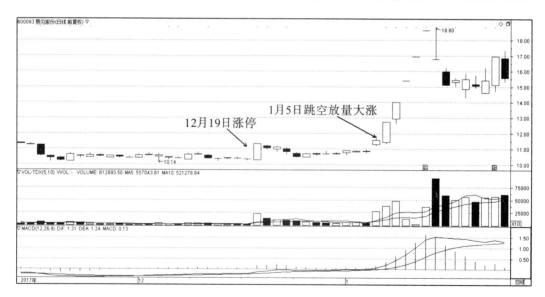

第一式

# 龙头股追击及实战

## 一、龙头股追击

一般涨停板票都有板块效应，因为主力炒作会选择即将形成市场热点的板块进行。而一个板块中的个股，会有三六九等之分，主力总是选择他们认为最值得攻击的股票，集中火力强攻，被主力强攻的个股将最先涨停，有可能连续大涨或涨停，这只个股就是该热门板块的龙头股，此为激进投资者选择标的。

**龙头股的识别**

具备攻击性放量特征；流通市值要适中；通常在大盘下跌末端，市场恐慌时逆市涨停，提前见底或者先于同题材板块启动；题材板块启动初期，个股将出现你追我赶的混乱局面，几日内，必然会有一只个股率先冲出重围，表现特别优异，此为龙头股。

易见股份（600093）2017 年 11 月 15 日～2018 年 1 月 30 日日 K 线走势图

易见股份属于区块链板块，2017 年 1 月 5 日区块链板块突然大涨，该股走势见上图。

该股在11月15日之后的5个交易日里，出现了一次大幅回落，然后止跌企稳，在近1个月的时间里，构筑了一个底部横盘整理的平台，在这个平台里，几乎每天都在画心电图走势，成交量极度萎缩，12月19日突然涨停，成交量巨额放大，似乎将突破前面高点，扭转原本的形态，让人感到很惊奇，不过随后节节回落，又用8个交易日构筑了一个横盘整理平台，每天是画心电图走势，不过后面这个平台位置高于前面平台，成交量也放大两三倍，让人感到有一股潜流在涌动。

当时媒体开始大量报道比特币的惊人表现，大量科普区块链技术对比特币的影响，这引起了证券市场的强烈关注，纷纷寻找区块链板块的最大受益者。

该股在1月5日这一天跳空放量大涨，紧接着两个交易日连续涨停，最后干脆连续3个一字板涨停，引起市场轰动，龙头股霸王气概一览无遗！

我们再来看看同时期表现也不错的一只区块链板块股票。

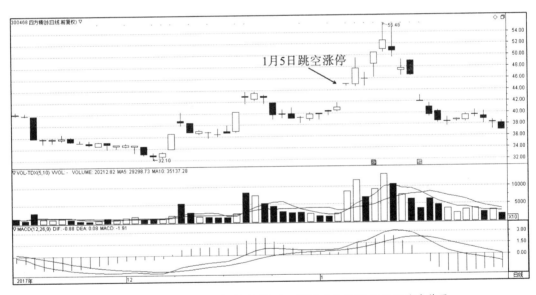

四方精创（300468）2017年11月15日～2018年1月30日日K线走势图

如上图所示，四方精创前期经历了一次跌停，然后在14个交易日里，以画心电图的走势小幅回落了，然后跳空涨停，接着又跳空大涨，回落5个交易日后，再次涨停，成交量巨额放大，接着又跳空大涨，一举突破前期高点，后回补了这次跳空缺口，并在此位置震荡整理，在1月5日跳空涨停。

应该说在这一段时间里，四方精创这只股票的表现完胜易见股份，但在此之后，易见股份连续5个交易日涨停，把四方精创远远地甩在了后面，成为该板块的王者。

### 如何判断和参与龙头股

对于突然暴发的题材股，应立即调出该板块的所有股票，对它们的涨幅进行排序，刚开始可能一时还不能判断谁是真正的龙头股，涨幅居前的个股可能此起彼伏，也不一定能判断该板块的行情会不会延续一段时间，需继续观察。

在运行几天后，一定有一只个股冲出重围率先连续大涨，把同板块的个股远远甩在后面，王者的气质表露无遗，这就是龙头股了。

在观察几日后，可判断谁是龙头股，激进的投资者应眼明手快，果断参与，获取后面继续暴涨的利润。不过同时也要注意，暴涨的持续性不会太长，快进快出比较好。

## 二、案例及应用

### ➡ 实战案例一：连续涨停

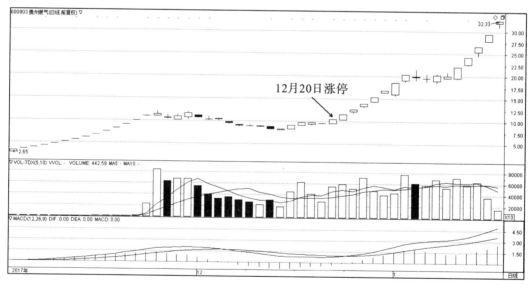

贵州燃气（600903）2017 年 11 月 7 日～2018 年 1 月 16 日日 K 线走势图

贵州燃气是一只上市不久的次新股，上市后有若干个涨停板，我们来观察它开板后的表现。

如上图所示，该股开板后，逐渐回落下来，成交量也随之萎缩，在 12 月 20 日涨停前几日，股价有所回升，成交量也显著放大，12 月 19 日为十字星，成交量也严重萎缩，是变盘信号。

次日，开盘后 15 分钟即急速涨停。该股选择继续向上拉升变盘，在随后的交易日里，该股展开了一场波澜壮阔的连续涨停，股价翻了 3 倍！

触发该股大涨的原因是，当时全国气温骤降，天然气供应不足，主力找到了这个全国人民特别关注的事件进行了一次炒作，同类型的天然气股票也同时涨起来了，但上涨的猛烈程度相形见绌，炒作时间也只有 6 个交易日，而贵州燃气从第一天开始涨停后，一路持续涨停，中途只有 4 个交易日横盘整理了一下，又接着天天涨停，一共持续了 13 个涨停板！哪怕中间被监管层特别停牌处理，复牌后，依然继续大涨。

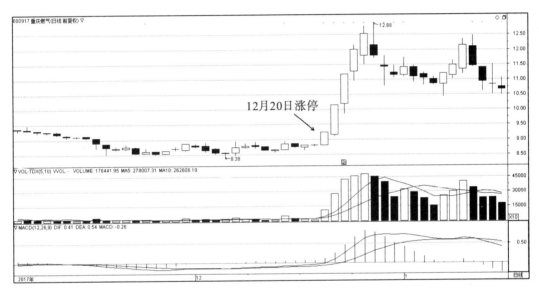

重庆燃气（600917）2017 年 11 月 7 日～2018 年 1 月 16 日日 K 线走势图

同一时期题材板块的重庆燃气，相比之下就逊色了（见上图），12 月 20 日这一天只涨了 4.88％，之后，连续两天涨停，但往后，后劲不足，呈衰竭状。

一般一个题材板块的龙头股，从强到弱，又可细分为龙一、龙二、龙三……，我们优先选择的是龙一，如上面两图所示，贵州燃气为龙一，重庆燃气为龙二。

### ➡ 实战案例二：先连续一字板，开板后再大涨

如下图所示，安凯客车在 2017 年 9 月 11 日之前的 5 个月时间里，都是处于底部蛰伏状态，每天都在画心电图，总体起伏不大，中途仅有一次较大幅度的下跌，随后以心电图的走势又慢慢回复到大底部形态中，这段时间的成交量极度萎缩，让人几乎忘记该股。

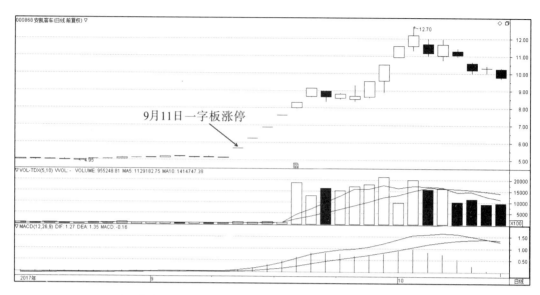

安凯客车（000868）2017年8月21日～10月18日日K线走势图

而事情的发展总是那么出人意料，9月11日一字板涨停，且连续4个一字板，再接着两个涨停板，横盘整理3日后，又是3个涨停板，不要涨得太好！

再看看同一板块的比亚迪，表现也不错。（见下图）

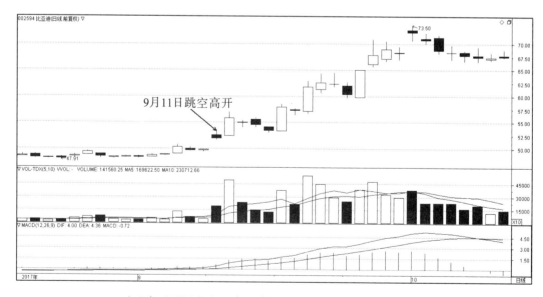

比亚迪（002594）2017年8月21日～10月18日日K线走势图

比亚迪在2017年9月11日之前的5个月时间里，也是处于底部区域中，不过其每天呈震荡走势，震荡幅度比心电图大，感觉比安凯客车稍稍活跃那么一点。

在 9 月 11 日这一天，跳空高开，次日大涨，后回落 3 个交易日，再大涨，停顿一下，又继续大涨，如此循环往上涨。

**连续一字板龙头股，开板后能参与吗**

一个热点题材的兴起，将立即引发该板块的突出表现，龙头股会连续一字板涨停，没有参与机会，涨停打开后，很可能将继续大涨，也可能冲高回落，要不要参与？这对投资者是极大的考验。

激进投资者可把握一下节奏，涨停打开后，只要该题材板块的热度还在，可适量参与。涨停打开后，冲高回落幅度不大，进入横盘整理形态，或短时间内又将拉升，在回落下来的横盘震荡整理阶段，可再次适量参与，它可能将冲过前面高点。

**同一题材板块的滞涨股会补涨吗？**

对于激进型投资者来说，选择龙一、龙二个股参与符合自身的风险偏好。

对于谨慎型投资者来说，已大涨起来的股票没必要去追，可选择没怎么涨的个股适量参与，但最好别期望这些滞涨股会像龙头股那样飞涨起来，也别一直持有，应跟随该板块的起落而进退。

题材板块的表现通常是两极分化，少数龙头股特别耀眼，多数个股并不会有多大的表现，现在市场很难看见齐涨出现了。

## 第二式

# 直线拉板法及实战

### 一、直线拉板法

股价以昨收盘价开盘，开盘后 15 分钟内，沿 80 度以上的角度直线拉至涨停，并一直被巨额买盘封死，股价在拉升过程中没有出现回调、横盘，或者降低角度缓慢上涨情况，成交量没有明显放大，这种情况的突然涨停，预示股价或连续大涨。

直线拉板变异走势有三种情况：一是开盘跳空高开，以近乎 90 度直线瞬间拉至涨停；二是开盘半小时内，股价从昨收盘价开始起涨，中途经历几次拉升，小回，再拉升，再小回，最后大角度沿光滑直线拉至涨停；三是成交量巨额放大。

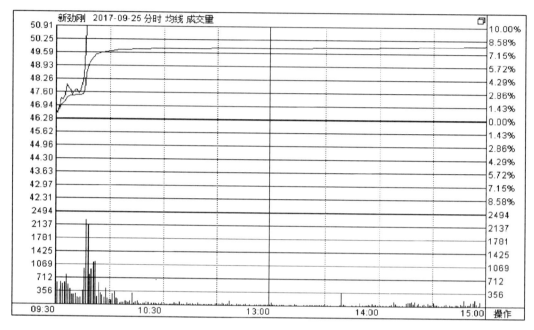

新劲刚（300629）2017 年 9 月 25 日分时走势图

上图显示，新劲刚在 9 月 25 日以昨收盘价开盘后在几分钟时间内涨了 3%，震荡了几分钟，又在几分钟时间里一口气直线拉升至涨停，涨停封死直至收盘。

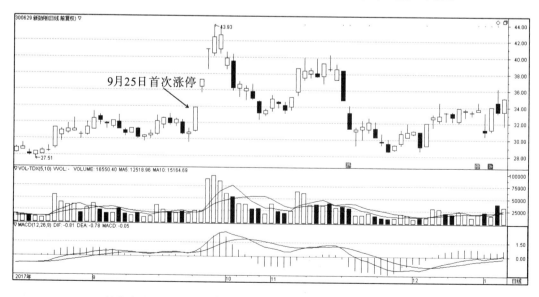

新劲刚（300629）2017 年 8 月 16 日～2018 年 1 月 23 日日 K 线走势图

9月26日，该股大幅跳空高开，并瞬间拉升至涨停板，全天涨停封死，成交量也没有变化。

第三个交易日，涨停价开盘，9：48涨停打开，此时一般投资者才反应过来，出现众多跟风盘，但此时不排除主力开始出货，成交量巨额放大，下午13：40，股价又被推至涨停。之后两个交易日继续上涨，但上涨幅度不大，力度衰减，成交量仍维持在很高水平，说明主力仍在出货中，之后的交易时间里，股价快速回落下来，本轮上涨结束。（见上图）

**怎样识破主力拉升和出货行为**

主力行事很隐蔽，进货、出货更是隐秘。

作为一般投资者只能从日K线图和分时走势图上，分析发现主力行为，可以根据一些信息进行追踪。

该股9月25日开盘15分钟就涨停，一下子突破前期高点，居然成交量没有变化，可高度怀疑主力已控盘，次日大幅高开瞬间涨停，让人没时间反应，这一天的成交量萎缩是合理的，令人蹊跷的是，这两天的成交量几乎一样，一个是2.4万手，另一个是2.37万手，前一个交易日比后一个交易日相比有15分钟的反应时间，竟然成交量相当？看来只有这样解释了：

9月25日这一天快速拉涨停，是主力真实的拉升，股价突破前期高点成交量也没有放大，说明主力已高度控盘，外面的流通筹码并不多，而次日瞬间涨停，成交量居然跟前一日几乎一样大，只能说明该股连续涨停，已吸引到了市场投资者的极大关注，有很多跟风者在涨停板价位挂单买进，主力正好以涨停价卖出，所以成交量才不正常地有点大，当时市场上各类媒体市况评述文章已把该股列为军民融合的领涨股，起到了烘托气氛的作用。

第三个交易日，涨停价开盘，照例有人挂单涨停价买进，9：48涨停打开，所有涨停价委托买进的成交，在9：48到13：40这段时间里，股价回落，在涨幅4％水平整理，大量成交也发生在这一时间范围，成交量比前一交易日骤然放大3.8倍，这段时间喜欢跟风追涨的，有了充足的时间买进，而主力再次出货。

接下来的两个交易日，继续上涨，但涨势明显减弱，不排除主力继续拉高出货，成交量依然维持在很高的水平，但随后的交易日里，股价连续快速大跌，成交量也大幅减少，说明主力已出逃，这样的个股，散户是支撑不起股价的，没有买盘的力量推进，股价很容易被卖盘砸下来。

主力通过连续涨停吸引市场关注和跟风，再在高位以边拉边出的方式逃逸，如此这般，顺利完成拉升到出货的过程。

一般热点题材股从拉升到出货的时间都不长，小盘股更短，投资者需要注意鉴别。

## 二、案例及应用

### ➡ 实战案例一：开盘直线拉升追击涨停

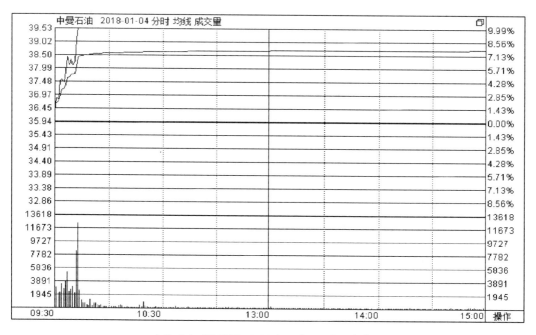

中曼石油（603619）2018 年 1 月 4 日分时走势图

上图显示，中曼石油在开盘 15 分钟后，经历了两次猛烈拉升直到涨停，全天没再打开。

该股第一波拉升时，中途有所停顿并有回调，最后一波拉升毫不犹豫，一条光滑直线拉至涨停，充分显示了主力做多意图坚决，不给投资者机会，当天的成交量没有特别放大，显然没有引起市场的注意，有偷袭的意味。一般这种情况，次日都会有很好的表现。

该股是一只次新股，上市开板后回落下来，走出了一个圆弧底形态，成交量的形状也跟圆弧底形态相似，圆弧底右侧上涨呈加速态势，在 1 月 4 日首次涨停，次日涨停价开盘，虽然不久涨停打开，股价有所回落，但 1 个小时后封住涨停，第三日继续大涨。（见下图）

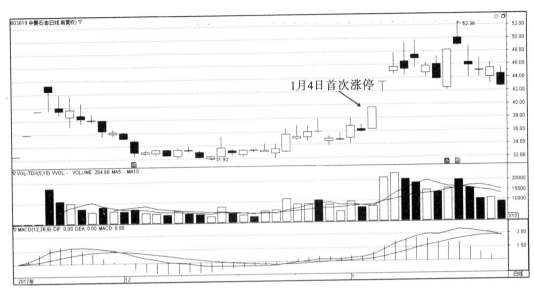

1月4日首次涨停

中曼石油（603619）2017年11月17日～2018年1月22日日K线走势图

**怎样抓住偷袭式涨停个股的机会**

偷袭，即主力趁市场不注意，迅速把股价一口气拉至涨停并牢牢封死涨停价的做法。

偷袭发生在早盘，可起到出其不意的效果，拉升至涨停时间越早越好，拉升过程中，线条越光滑、越陡越好，不拖泥带水，观察成交量，如成交量并没什么特别放大，显然是主力在自拉自唱，预示着次日很可能继续大涨，以引起市场的关注跟风，成交量也将随之巨额放大。

对于这种股票，敏感激进的投资者，必须要对已走出上升形态的个股心中有数，可提前适度参与，因为主力炒作题材股非常迅猛，如发生时才参与，很可能来不及，不过，重要的是股票是处于上升形态中，上涨获利可期。

如主力对小盘题材股发动偷袭，可能来得快，去得也快，在随后的几天时间里，可以看到成交量迅速放大，可在股价拉升幅度减小，成交量减弱的情况下退出，别一直拿着不动。

**➡ 实战案例二：一字板涨停打开后追击涨停**

图一显示，青龙管业在两个多月时间，一直在底部弱势横盘整理，每天窄幅震荡，成交量极度萎缩，4月5日突然涨停开盘，过了10分钟，打开了一个针眼，又马上闭合，涨幅一举超过两个月里的最高点。

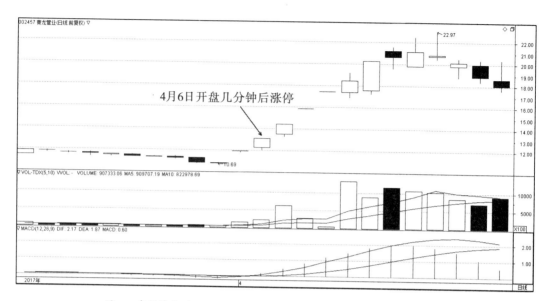

图一　青龙管业（002457）2017 年 3 月 20 日～4 月 21 日日 K 线走势图

图二　青龙管业（002457）2017 年 4 月 6 日分时走势图

4 月 6 日以 3% 涨幅高开，随后直线拉升，3 分钟时间便封死在涨停位。（见图二）之后，连续 4 个涨停板，其中，两个一字板。

该股第一天涨停时，只打开了一个针眼，当时是很难发现和抓住买进机会的，那么次日，敏感的激进投资者，如此极端的走势，完全逆转了原本长期死气沉沉的形态，一定是主力有备而来，不可等闲视之，次日一早就应挂单委托。有的投资者喜欢再看看这一天开盘后的情况，那么这天高开3个点，紧接着直线拉升，就不应再迟疑，立刻高打委托价，最好以涨停价委托，3分钟时间足以买进。

**一字涨停板后，次日高开拉升股票能追吗**

底部位置出现一字涨停板，一般是有突发性利好消息，有可能还将连续一字涨停板，这种情况下，一般投资者是无法买到的，当一字涨停板打开之后，有的股票表现为跳空高开并直线拉升涨停，成交量也开始特别放大，涨停时间越早，成交量越少。

敏感激进投资者应果断追进去，因为，前面一字涨停板大家没机会参与进去，包括很多主力机构，现在市场比以前规范，获取内幕消息的代价是不可承受之重的，主力机构也不一定都能事先获得内幕消息，它们也可能是出了利好消息后，仗持自己的资金实力，等待一字涨停板打开后，迅速吃进获利盘涌出来的筹码，拉升并再次封死涨停，之后未来几日，发动连续猛攻，上图所示青龙管业的走势就是一个典型案例。

一只股票的主力可能是一家机构，更多的是多家机构，各机构的进场时间也不一致，有的会潜伏很长时间，有的上涨趋势形成时进场，有的是利好消息出台后受刺激进场，在大幅上涨的过程中，有的机构会不断进场，有的机构不断退场，呈现合力、接力上涨现象。股票市场如菜市场一样来来去去进进出出的，现在有的游资、敢死队，喜欢上涨途中快进快出，搞一把即闪。

**追击涨停股技巧**

迅速大涨的股票，往往让人措手不及，如果事先对该股票没有跟踪和研究，要么冒失草率冲进去被套后悔不已，要么犹豫不决错失良机。

一般激进投资者都养成了这样的交易习惯，随时关注交易信息，包括最新国内外大事、财经动态及行业、企业消息，特别是天天盯盘，一旦个股有异动，会非常敏感，马上调出相关信息研判，并迅速做出决定。

激进投资者往往看中的是眼前机会，买进后未来一段时间的短期收益，而不是反复念叨为什么没有早点发现参与。

我们经常看到这样一个现象，明明自己分析判断正确，却不愿高打价格委托，害怕出价过高吃亏，其实对于追击涨停股，这样处理是不对的。

正确的操作方式：既然看好它未来一段时间的收益，不妨直接以涨停价格委托，可以避免因动手慢、委托时间延迟而错过机会，实际成交价格会以委卖盘的卖一价格成交，而不是直接以涨停价格成交。

投资者应明白两条交易规则：价格优先原则：在相同的时间，价格较高的买进申报优先于价格较低的买进申报；价格较低的卖出申报优先于价格较高的卖出申报。时间优先原则：在价格相同的情况下，依照申报时候（也就是委托时间）决定成交的优先顺序，即买卖方向、价格相同的，先申报者优先于后申报者。先后顺序按照交易所电脑主机接受申报的时间确定。

追击涨停股的投资者应正视自己的投资偏好、资金实力、心理承受能力，保守谨慎型投资者观看就好，积极投资者适可而止，敏感激进投资者因抗风险能力比较强、行动迅速，可见机适时参与。

## 第三式 ▷ ●●
# 涨停回调买入法及实战

## 一、涨停股回调买入法

长期在底部中横盘的股票，有可能某一个交易日突然涨停，但马上在随后几个交易日里又回落下去，构筑一个小平台，成交量极度萎缩，然后开始突然连续大涨，底部涨停回落到小平台即是参与机会，很可能还会蓄势大涨。

底部涨停股回调买入的特征：其一，股票一定是从长期的底部中突然涨停的；其二，涨停后，在几个交易日内股价立即又回落到与原来的股价相差不大的位置；其三，构筑一个缩量的小平台；其四，小平台结束后，股价上涨将是以大涨的形式呈现。

如下图所示，易见股份近一年的走势是前高后低，从 9 月份开始持续下跌，11 月17 日大跌后，股价再下一个台阶，并一直横盘到 12 月 18 日。

12 月 19 日突然放量涨停，但从次日开始连续 4 个交易日下跌，此时股价跟涨停前相差不大，横盘几日后，跳空高开 4.5％，成交量数倍放大，之后连续 5 个涨停板，其中 3 个一字板涨停。

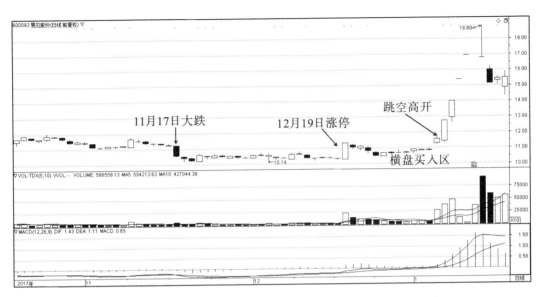

易见股份（600093）2017 年 10 月 19 日～2018 年 1 月 24 日日 K 线走势图

**底部涨停股回调的买入机会**

一般长期底部中出现一个涨停的股票是不大为人注意的，如连续大涨，关注的人才会多起来，如只是一个涨停板就回落下来了，大多数投资者不会认真跟踪研究的。这恰恰是主力在进行拉升前的试盘。

作为敏感的激进投资者，第一个涨停板不一定能及时反应，如当时发现了这种拉涨停的股票，也可以暂时不介入，但要密切关注。

当涨停后，次日股价开始连续几天回落，有可能马上反弹大涨，此时应及时参与进去，如股价回落下来后又构筑一个平台，在平台区域，即是第一次较好的参与买入机会，如担心这个平台耽误时间较长，也可以继续再等待，当股价放量突破平台时再买入，此为第二次买入机会，股价很可能就此出现连续大涨。

## 二、案例及应用

**⇒ 实战案例一：底部涨停回抽再涨**

北方稀土从底部放量突破阻力线涨停，之后两个交易日缩量小幅回落，紧接着两个交易日反弹，震荡整理一段时间后，主力发动了一波更为凌厉的上攻。（见下图）

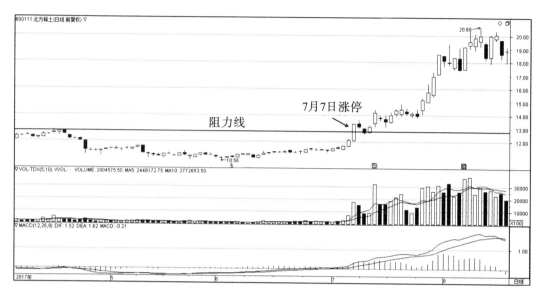

北方稀土（600111）2017年4月5日～8月17日日K线走势图

一般从底部起来突破阻力线，成交量都会巨额放大，一些个股会暂停上涨，进行回抽确认，此时成交量大幅萎缩，应密切关注；有的个股可能会马上反弹，震荡上行，或连续大涨，成交量维持在高位。

➡ **实战案例二：底部涨停回抽小平台后再涨**

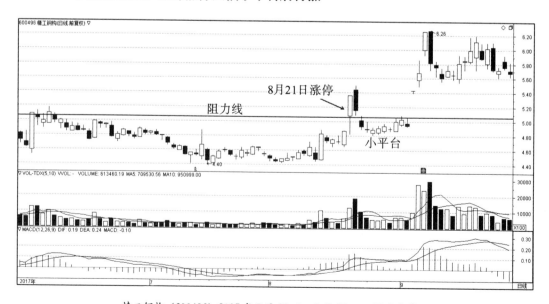

精工钢构（600496）2017年5月31日～9月28日日K线走势图

精工钢构在 8 月 21 日这一天突破阻力线，放量涨停，其实在前一日，尾盘大涨，即有大资金介入，不过当时成交量并没放大，没有显山露水。涨停的次日，略为高开后，即一路震荡下行，跌幅较大，下一交易日继续下跌，随后两个交易日下行中逐步止跌，股价也回落到涨停起始位置，经过 7 个交易日的缩量横盘整理，突然一字涨停，随后两个交易日连续大涨。（见上图）

从上图可以看出，最佳的买入点应是在涨停回落构筑平台那段时间，如果错过这段时间，股价涨起来有可能是一字涨停板，根本没有参与机会。

底部涨停板后的回落时间，大约 3 个交易日，不会太长，回落企稳后，即可见机参与。

如果说追击涨停股需要眼明手快和坚决果断，那么涨停回调买入法则适用于谨慎又想参与强势股的投资者。

## 小　结

本招龙头股追击、直线拉板法、涨停回调买入法都是搏击涨停板的方法。激进投资者会思考直接出手追击，欲想高收益，必伴随高风险，好在他们明白自己的定位，承担得起风险，本招讲解的三种搏击涨停股的方法，就是为这类型投资者准备的。至于其他类型的投资者，看看就好，不必真刀真枪投入。

当然投资者类型是可以转化的，随着自己技艺的精进，操作成功率、风险承受力的提高，谨慎稳健型投资者可以转变为激进型，激进型投资者因为屡战屡败，受伤严重，也可能转变为谨慎稳健型，搞清楚了自己的定位后，就可以挑选不同类型的股票适时参与。股票市场最怕的，就是投资者不清楚自己的情况，一窝蜂从众跟风买卖，这个市场很多倒下的，就是这些不明就里的人。

当一个题材迅速被市场看好时，这个板块的个股将受到热捧，但同一板块的个股表现会有很大的差异，并不会同时都表现优异，只有少数个股表现抢眼，龙头股就在这些少数表现好的股票里，激进投资者需要做的就是辨识，紧急寻找具备龙头股潜质的个股参与，一天时间，可能无法判断，两三天时间里就必须要筛选出来，晚一步，很可能龙头股越涨越高了，这时再参与，就显得很为难了，还可能这个热点题材的炒作风头也快过去了。

直线拉板法上涨速度非常快，需要投资者有敏锐的嗅觉、准确的判断力、长期练就的盘感。直线拉板的股票，很有"赌博"的意味，即便是激进投资者，也得事先三思而后行，当然，如果判断准确的话，获利也是很丰厚的，建议投资者慎用，适可而止。

涨停回调买入法，这个方法比直线拉板法显得要稳妥一些。当股票涨停时，不去追，而是在它回调的时候，判断它只是暂时休整，还会涨上去，在回调处参与。这样操作，少了一些急躁和盲动，给自己留下了观察时间，如果涨停股不回调，一路大涨，那也不必懊恼，只能说，这只股票真不适合自己，适合的股票对应适合的人，市场上这么多股票，总有适合自己的，只选取自己能力范围内的参与才好。

# 收势：起落自如，全身而退

2007

2010

2013

行拳至末尾，将以收势告终，这是每一个拳种都必不可少的动作，每个拳种对于收势都是有一定讲究的，如收势没做好，或者重视程度不够，草草收场，其功效将大打折扣，因为行拳到最后，拳虽停，但势仍在，气也还未消，在气相旺盛布满周身的情况下，骤然收手离场，将会导致气相散乱之弊，从养生的角度来说，则会导致意气混乱，最终将反映在气血神态上。

太极拳是以练意练心练气为主的拳种，讲究以心行气，以气运身，练习太极拳的过程，是由无极到太极，调动激发呼吸顺畅，运气周身，通达四肢，以舒缓的动作，延展力量的涉放，到收势，又从太极回复无极，从起点到终点，又从终点回归起点，周而复始，生生不息。

收势，形象的表达就是，一个人经历马拉松长跑运动到达终点时，你不能立即躺下来休息，更不能马上冲凉水，而是应该顺势继续慢跑一段距离，再缓步走下来。

收势时期股票，属于股票生命周期里的结尾阶段，我们参与股票，经历了底部低迷期、初升恢复期、快速拉升期、滞涨见顶期后，就该结束退场了，完美的谢幕方式，就是在股价顶部全身而退。

如何判断股价已站到了最高点，可以从股价的气势形态、量能、技术指标等方面进行综合判断，切不可因为股价已表现得很好的时候，还在做更大的美梦，当然，也需要注意鉴别，不要放掉了正在拉升途中的股票。

收势在股市中的运用主要有：MACD死叉见顶、长上影线见顶、乌云盖顶形态。

下面分别讲解招式。

## 第一式 ▶●●

# MACD死叉见顶及实战

### 一、MACD死叉见顶

　　股价经过由慢到快的大幅拉升后，量能衰竭，短时间快速回落，并产生幅度较大的上下震荡，可能会出现一个高点，也可能会出现两个高点，但这个高点将不会超过股价回落前那个高点，从图形上来看，在高位出现两个顶点，或两高夹一低高点，相对应的，在股票MACD技术指标上就会留下相应的痕迹。

　　在股价越来越快的拉升中，DIF、DEA两条0轴线上方上行的线条将逐渐远离，在股价到达最大值时，这两条线形成一个最大喇叭口，股价回落过程中，DIF、DEA两条线掉头下行，DIF下穿DEA形成MACD死叉，死叉形成之后，进入下降通道。但有些股票短暂快速下跌后出现小幅反弹，多头主力在回调之后为掩护出货假装向上突破，做出货前的最后一次拉升，DIF、DEA可能又会出现一次交叉，这次反弹高点不会超过前面的最高点，在这两个高点之后，也有可能出现次高点。

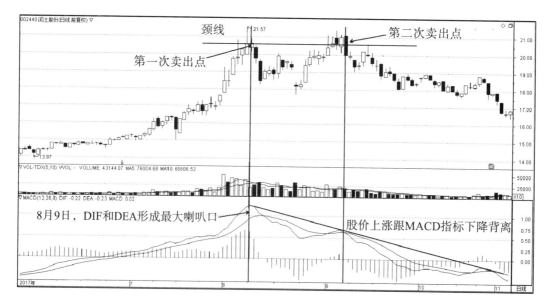

闰土股份（002440）2017年5月25日～11月6日日K线走势图

股价在经过大幅拉升后出现冲高回落迹象，形成一个相对高点，资金量较大的投资者，应在 DIF 和 DEA 形成的最大喇叭口位置出货或减仓，这是第一次卖点，股价或快速回落，DIF 回落并下穿 DEA 形成 MACD 死叉，死叉形成之后，进入下降通道，但有的股票短暂回落后可能反弹，形成向上假突破，主力做出货前的最后一次拉升，DIF、DEA 可能又会出现一次交叉，这是第二次卖点，从而形成两次逃命机会。

上图中，闰土股份的 MACD 指标从底部一直往上走，穿过 0 轴线后上行角度增大，股价也随之加速上涨，最终在 8 月 9 日这一天，DIF 和 DEA 形成的喇叭口最大，股价上冲到最高点回落下来，MACD 指标下行，股价连续两天大阴线，DIF 回落并下穿 DEA 形成 MACD 死叉，死叉形成之后，MACD 指标进入下降通道，不过股价有所反弹，又形成一个跟前期高点位置相当的高点，似乎主力欲向上再次突破，但从 MACD 指标来看，DIF、DEA 在下降途中又出现一次交叉，之后，MACD 指标和股价一直呈下降趋势。

如上图所示，该股有两个卖出点，第一个卖出点为 DIF 和 DEA 形成的喇叭口最大时，第二个卖出点为 DIF、DEA 在下降途中出现交叉，股价出现反弹到接近前面高点位置。

**MACD 指标为何出现两次卖出点，怎样逃顶**

一般 MACD 指标下行，股价也将随之下行，但有的主力因为手中还有筹码，故此还会想办法出货，这时，股价暂时回落之后，主力将再次拉阳线，让人误以为主力将再次拉升，一些投资者可能会跟进买入，主力正好把手中剩余的筹码交给跟进者。

从 MACD 指标来看，其实它是处于下降通道中的，第二次反弹跟 MACD 指标是背离的，成交量呈逐步萎缩状态，这种反弹有多大的希望和力度呢？

在股价拉升过程中，DIF 和 DEA 逐渐远离，在股价最高点，所形成的喇叭口是最大的，资金量大的投资者，可趁机逐步派发手中的筹码。若不能精准判断 DIF 和 DEA 形成的喇叭口为最大，但资金量大，早一点出局比较稳妥，如真的看到股价开始回落了再卖出，就来不及了。

作为技术分析能力较强的投资者来说，DIF 和 DEA 的交叉点，正好是第二次卖出点。

## 二、案例及应用

### ➡ 实战案例一：两次撤离机会

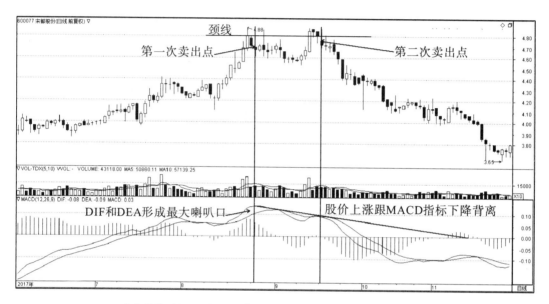

宋都股份（600077）2017年6月6日～11月28日日K线走势图

高位撤离过程如上图所示。

宋都股份在快速上涨过程中，DIF 和 DEA 迅速远离，所形成的喇叭口越来越大，股价在最高点冲高回落，MACD 指标即开始拐头向下，MACD 指标在下降过程中，出现了一次 DIF 和 DEA 再次交叉的情况，从股价来看，是回升上拉，不过这种拉升短暂，力度也不大，只是冲到前面高点位置又拐头向下，从此，股价一路下跌。

股价在快速上涨过程中，投资者须注意撤离，MACD 指标为我们提供了一个较好的参考。如果 MACD 指标在见顶后步入下降通道，而股价在第一次见顶回落一段时间后，又反弹到达前面的高点，出现 MACD 指标与股价背离的现象，此时须格外小心，前面高点没及时卖出的，可抓住这次逃命的机会出局，而不是继续看好。

**MACD 指标运用注意事项**

（1）在 MACD 指标 0 轴线上方，DIF 和 DEA 逐渐远离，形成的喇叭口越来越大时，应逐步派发手中筹码，减轻仓位；

（2）如果 DIF 掉头向下与 DEA 形成死叉，即卖出；

（3）在 MACD 指标下降过程中，注意有可能产生与股价走势背离的情况，即股价有可能在 MACD 指标下降时出现反弹，其实这是主力诱多的信号，吸引跟风者参与，主力借机把筹码交给跟风者，千万别上当，如投资者还持有该股票，可利用此难得的机会第二次逃命；

（4）MACD 指标对于短线快速上涨的股票更有效，而对于长期缓慢曲折上升的股票，MACD 指标变化多端，不易把握。

➡ **实战案例二：3 次撤离机会**

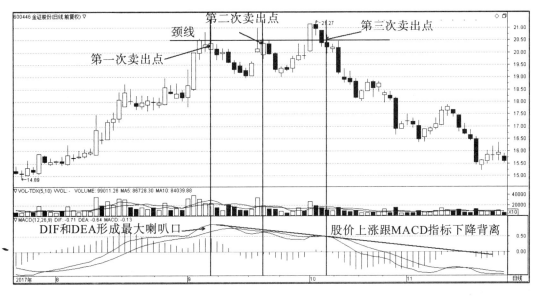

金证股份（600446）2017 年 7 月 21 日～11 月 24 日日 K 线走势图

金证股份高位撤离过程如上图。该股在快速上涨的过程中，MACD 指标快速走高，DIF 和 DEA 形成的喇叭口也越来越大，股价到了最高点冲高回落，DIF 掉头向下，与 DEA 交叉，MACD 进入下降通道，不过在下降途中，DIF 与 DEA 又出现两次交叉点，股价也同步出现了两次反弹，后面一次反弹一度达到最高点。

该股在 MACD 指标下降过程中出现 3 次反弹高点，同时也给出了在背离情况下 3 次逃命的机会。

**MACD 指标与成交量**

一般从高位下降的 MACD 指标，成交量总体呈递减状态，即使股价中途有反弹，量能跟第一波上涨时相比，也是呈萎缩状态的，由此可以更进一步确定该股的整体走势将向下，操作上，需要注意的是，快速上涨的股票，如果错失了 DIF 和 DEA 形成的喇叭口卖出机会，一定要注意抓住途中的反弹机会卖出，不可久留。

## 第二式
## 长上影线见顶及实战

### 一、长上影线见顶

上升行情中股价上涨到一定阶段，连续放量冲高或者连续 3～5 个交易日放巨量，后快速回落，收盘时留下一条长上影阳线，表明抛压沉重。如果次日股价不能收复前日的上影线，成交开始萎缩，表明后市将调整，遇到此情况要果断减仓甚至清仓。

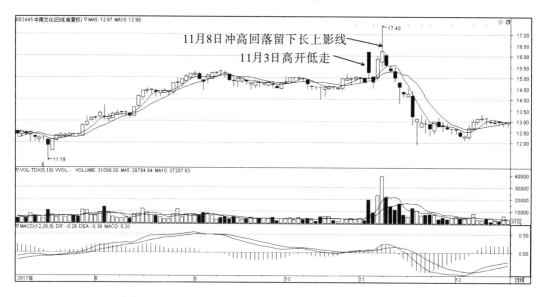

中南文化（002445）2017 年 7 月 6 日～12 月 19 日日 K 线走势图

以中南文化上图所示日 K 线走势图为例。该股从左侧底部历时 1 个多月缓慢上涨，涨幅达到25％，然后横盘整理两个月，在涨势尾端出现异动，一次小跌，就把前面 4 个交易日构筑的小平台轻易打破，令人奇怪的是，成交量竟然大幅萎缩，这说明主力锁仓较好。

主力为了出货，必须吸引更多投资者关注参与，11 月 3 日，大幅跳空高开后，回落下来，回补缺口，成交量是前一日的 20 倍，巨额放大，吸引了较多的投资者跟风，主力趁势出掉部分筹码，次日小幅低开下跌，成交量萎缩较大，并没引起市场恐慌，再过一日，小幅高开，股价大部分时间在上涨 2% 位置横盘震荡，收盘前 1 小时，股价活跃起来开始上涨，临收盘前半小时，快速拉升大涨，当天成交量比上一交易日成倍增长，成交量主要集中在尾市，看来这段时间又有更多的投资者跟进，主力再次出货。

11 月 8 日，小幅低开后，震荡上行，至 10：32，大涨 9.45%，这段时间成交量巨额放大，然后股价逐步回落，至收盘时只上涨 2.27%，（见下图）留下一条很长的上影线，这天的成交量比前一交易日放大三分之一，说明又有投资者跟风参与，主力在拉升中，再次边拉边出逃。

因主力已逃跑，在随后的交易日里，成交量持续大幅萎缩，股价也连续大跌，1 个月的时间，把 3 个多月的涨幅抹掉，从起点回到原点。

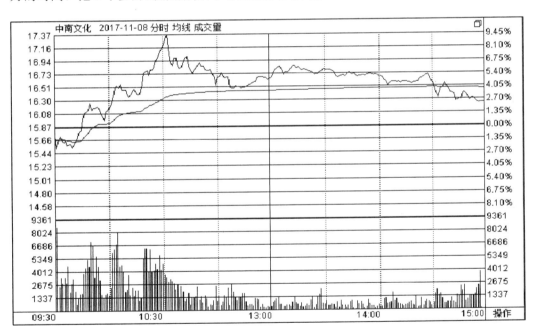

中南文化（002445）2017 年 11 月 8 日分时走势图

从中南文化 11 月 8 日分时走势图可以看出，主力利用拉高的机会，成功吸引了大量跟风者参与，主力借机抽身，此时成交量巨额放大，主力走人后，股价即回落下来。

**主力出货思路总结**

主力在股价涨到一定程度后，需要考虑出货，套路一般是先打压试探，看看市场的反应，如果没有反应，持股者不为所动，观望者也无反应，那就大涨试试，结果有很多投资者跟进，主力正好出掉一部分筹码。一般主力不会一次就把手中的筹码全部出完的，它又继续打压一下看看反应，成交量萎缩，说明持股心态较好，主力又继续连续大幅拉升，吸引更多的投资者进场，主力边拉边出。

通过多次出货，终于退出该股，大获全胜。

**如何判断上涨趋势中股票拉升见顶？怎样逃顶？**

如果发现拉升时出现较长的上影线，并且拉升时，成交量巨额放大，为见顶信号，股价回落时，成交量明显萎缩，有很大可能主力还在出货，此时，敏感的投资者可见机减轻仓位，次日，如股价下跌，成交量大幅萎缩，即可判断该股主力出逃，投资者应果断清仓走人。

一般缓慢上涨的股票，持续时间都比较长，投资者可耐心持有。上涨过程中的股票，有可能横盘一段时间再拉升，也可能直接进入拉升阶段，主力可能会利用拉升大涨，吸引更多的投资者参与进来。

## 二、案例及应用

➡ **实战案例一：短线上冲留下一条长上影线**

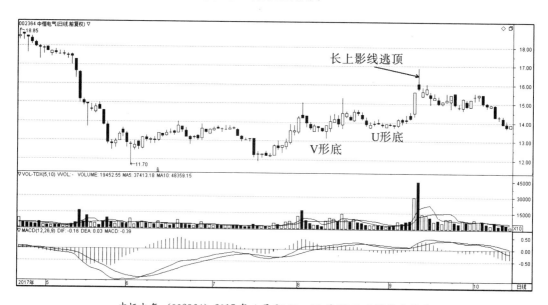

中恒电气（002364）2017年4月20日～11月20日日K线走势图

上图所示，中恒电气从左侧高位大幅下跌之后，震荡回升了1个多月又再次下跌探底，形成一个V形反弹，上涨超过前面震荡区域高点后，出现了两波冲高回落的U形形态，这两波冲高都留下了较长的上影线，成交量放大，不排除有跟风者参与，在最后这一波U形形态里，成交量极度萎缩。

但9月11日，该股震荡上行，越走越高，并突破前面两条较长上影线高点，尾盘时涨停，成交量巨额增大，从形态来看，有进入拉升的态势，次日小幅高开，震荡大涨，成功地吸引了喜欢追涨的短线投资者，上午的成交量大幅增长，下午继续冲高后，股价出现较大回落，当天留下一条很长的上影线，成交量继续大幅增长，比前一交易日又增大三分之一。

随后的交易日里，成交量大幅萎缩，股价也进入缓慢下跌过程，两个月后，股价创新低。

**如何防范快速大涨后长上影线的见顶信号**

对于从底部区域大涨起来的股票，成交量将迅速巨额放大，是套牢盘难得的解套机会，于是卖盘蜂拥而出，这很考验主力的资金实力，一般来看，主力都不会长时间持续拉升。

一般主力在底部区域即慢慢收集筹码，到一定时候，主力便拉升，一方面吸引投资者进场参与，另一方面，主力还得承接以前的套牢盘。但主力连续拉升的过程中，吸引了更多的投资者参与进来，主力便会边拉边卖出筹码。

当主力把手中筹码出完时，便会出现股价回落，一般投资者没有力量承接卖盘，因此股票后续的走势就是股价将逐步下跌，成交量迅速萎缩。

所以，在发现底部中的股票快速大涨后，如果发现长上影线，即是见顶信号，应卖出走人。

**➡ 实战案例二：多次上冲最后出现一条长上影线**

如图一所示，辉隆股份在涨到最高点前，经历了3次冲高－回落－再冲高的过程，冲高上涨的力度一次比一次大，有一次还出现了跳空缺口，不过这个缺口高度不大，也没有形成实体大阳线，而是十字星，有可能回落，它随后的回落，也证明了这个缺口的力度确实不大，但回落下来企稳后，股价越涨越高。

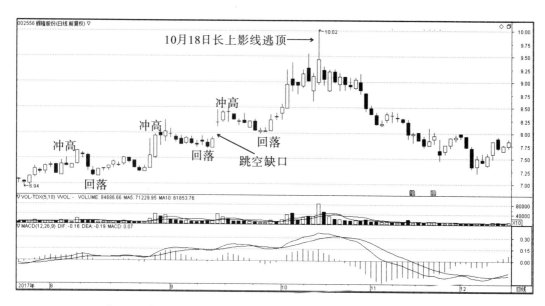

图一　辉隆股份（002556）2017年7月24日～12月14日日K线走势图

　　10月18日，最高价的形成非常突然，当天开盘平开，在10：44前沿昨收盘价运行，10：44突然旱地拔葱直线拉升涨停，在涨停价位封了10分钟，然后回落下来，至收盘时，仅涨了3.62％，当天成交量成倍增大，发现成交密集区主要集中在即将涨停到涨停回落下来半小时的那段时间里。（见图二）这段时间，是主力集中出货时间，随后的交易时间里，股价震荡几天后快速下跌，进入下降通道，成交量持续大幅萎缩。

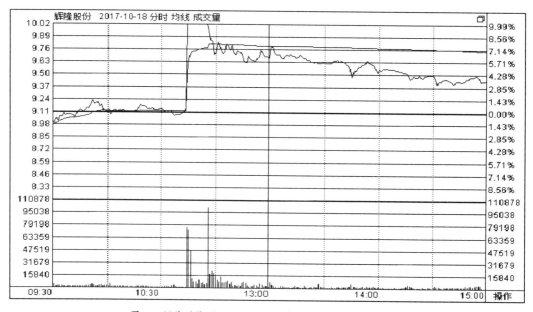

图二　辉隆股份（002556）2017年10月18日分时走势图

**主力一般选择什么时候退出**

主力在出货阶段，会加大力度拉升，吸引更多投资者参与，当投资者满腔热情参与的时候，主力便派发手中筹码给新进来的投资者，完成出货，在日K线走势图，就会留下一条长上影线并对应巨额异常放大的成交量。

## 第三式
# 乌云盖顶形态及实战

### 一、乌云盖顶形态原理

股价在上涨末期，呈现快速拉升大涨，特别强势的股票会看到有跳空缺口、涨停板，在最后两个交易日会出现这样两条日K线：前一条是实体大阳线，它可能是涨停板；后一条是高开回落大阴线，这条大阴线的收盘位置在前一条大阳线的中部位置附近。最后这一阳线一阴线，形如乌云盖顶。

乌云盖顶是见顶标志，一种强烈反转信号，遇到这种情况应果断离场。

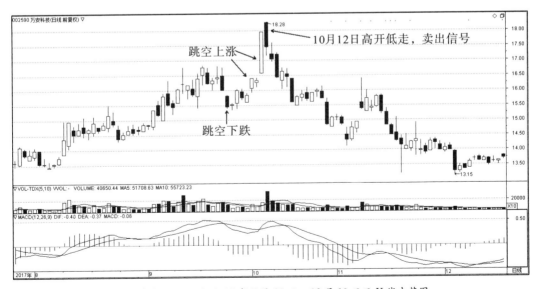

万安科技（002590）2017年7月26日～12月19日日K线走势图

如上图所示，万安科技从左侧底部大力拉升后，震荡上行，然后跳空下跌一下，再震荡上行，这次上行时间较长，约20个交易日，后出现连续两日大跌，后面这一天是跳空下跌，出现下跌缺口，感觉形势不好。

不过，股价马上稳定下来，转为反攻，在反攻过程中，接连出现两次跳空上涨的缺口，说明前面下跌缺口是恐吓试盘，后来上涨缺口是真想吸引人进来，让人感觉上涨将加速，其实是主力想出货了，后面这个上涨缺口是当天开盘13分钟就直线拉涨停，显得非常强悍，很能吸引短线投资者，第二天高开低走，早盘成功吸引了很多人参与，成交量迅速巨额放大，主力正好出货。

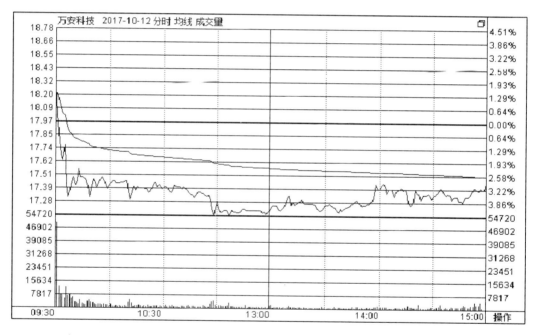

万安科技（002590）2017年10月12日分时走势图

上图为万安科技10月12日分时走势图，该股跳空高开后迅速回落，高开时成交量迅速巨额放大，回落下来后，成交量稀少，说明主力高开，成功吸引了跟风投资者参与，主力借机顺利出逃。

从该股的日K线走势形态来看，该股在顶部，一大阳线一大阴线，出现乌云盖顶形态，阴线当天的成交放出巨量。

## 二、案例及应用

### ➡ 实战案例一：短线冲顶

如图一所示，德生科技在左侧跳空高开后，又缓慢阴跌下来，并把这个上涨跳空缺口回补了，然后一条大阳线涨停，恢复该股的生机，8个交易日构筑了一个平台，随后股价节节上涨，越涨越快，出现涨停，接着又跳空涨停，隔一日又涨停，出现最高价这一日即1月17日的具体走势见下图。

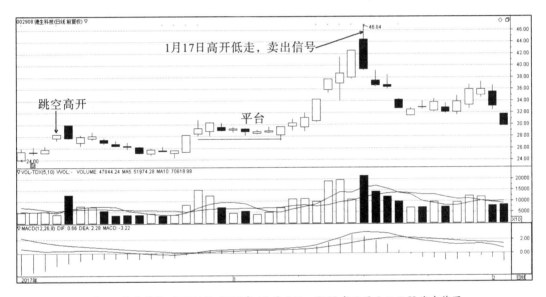

图一　德生科技（002908）2017年12月6日～2018年2月2日日K线走势图

当天早盘大幅高开，很快就冲至涨停，但仅维持了几分钟就快速回落，至收盘时下跌7.56%，从当天的成交量来看，大部分集中在开盘后半小时内，很多跟风者在此时间参与，而主力则完成出货。（见图二）

在随后的交易日里，出现连续下跌缺口，该股进入下跌途中。

对于理性的投资者，应当在高位高开冲高快速回落时，能感知乌云盖顶走势，从而在早盘有足够的时间卖出逃顶。

一般加速上涨的股票很容易吸引投资者跟风，主力在拉升的过程中，发现跟进的投资者足够多时，就会通过乌云盖顶或其他方法抛出手中筹码，没有主力参与的股价很快就会回落下去。

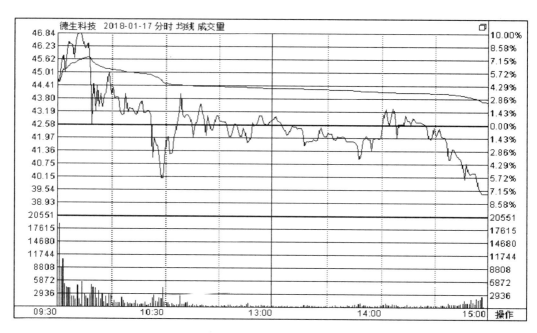

图二　德生科技（002908）2018年1月17日分时走势图

➡ **实战案例二：长线上涨最后加速度上冲**

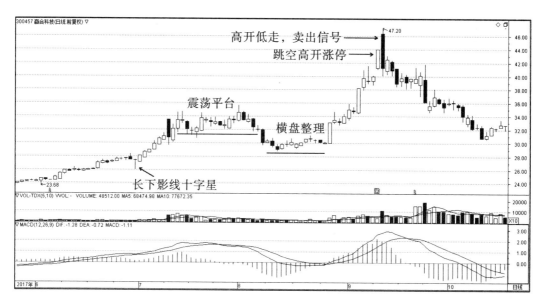

赢合科技（300457）2017年5月24日～10月25日日K线走势图

如上图所示，赢合科技从左侧非常缓慢地上行，在出现较长下影线十字星后，开始加快上涨，然后构筑了一个震荡平台，随后出现较快回落，之后横盘整理13个交易日，一条光头光脚实体大阳线结束盘整，之后，该股进入快速拉升。

在拉升的最后两日，第一天为跳空高开，在 15 分钟内直线拉涨停，次日大幅高开，但随后震荡下行，下跌最低处回补缺口，这条大阴线吞没前一日的大阳线，形势非常不好，在以后的交易日里，一路下行。

在下跌途中，有一段时间成交量巨幅放大，有可能是主力在乌云盖顶位置筹码没有出完，在下跌途中做出反弹意向，引诱人跟风继续出货，这里出货位置仍比底部位置高很多，主力仍是盈利的。

投资者了解了乌云盖顶的特性，就可以在它形成时，果断卖出股票离场。在股票发出最耀眼的光芒时，投资者需要有一颗冷静的心，看到光芒一闪而过后的黑暗。

投资者在长期的操作中，必须要练就这样的基本功：在股票底部寂寞时，愿意陪伴成长，在股票最辉煌众人欢呼时，要舍得提前离场享受一份孤独。

## 小　结

本招主要分析了 MACD 死叉见顶、长上影线见顶、乌云盖顶 3 种形态见顶时的情况，让人事先有所预知，当发现见顶形态时，可果断撤离，从而做到全身而退，这是操作股票最完美的境界。

MACD 指标，因形态简便直观，为更多人所使用，当然还有很多有意义的指标，其实，对于众多技术指标，不能简单说哪个有效哪个无效，应该说结合起来更有效。投资者还应该明白的是，各个指标对同一个形态发出的信息很多时候不一致，技术指标很多时候会出现钝化，超卖再超卖，超买再超买，技术指标跟形态一样，有滞后性，前瞻性仍不足。

长上影线见顶和乌云盖顶形态，都是股票在较长时间上涨后，在末期拉升过程中，拉高出货的一种形态，长上影线见顶会留下一条较长的上影线，像一根天线一样耸立在最高端，而乌云盖顶形态则在顶端形成一个大阴线压制或吞没大阳线的形态，大阳线很可能是涨停板，大阴线一般是大幅跳空高开后回落形成的；长上影线见顶和乌云盖顶形态的成交量都是巨额放大，这是主力出货的信号，不可幻想主力又将投入巨资拉升，因此把握离场的时机很重要。只收获自己能掌控的那一份就好，这是证券投资的真谛。

# 附录：

## 附录一

### 关于股市的犯错和纠错

但凡进入股市的人，都会不断犯错，也在不断纠错，操作亏损的，自不必说了，那些盈利的，也会说自己错了，因为卖出后，这只股票继续上涨。时间真是一把杀猪刀，会改变最终的输赢结局。

而证券投资，只要没有特殊情况，将是长期行为，也许10年、20年……在这漫长的投资长路上，什么时候是输，什么时候是赢，每个人都会以不同的时间段来衡量利润得失。

炒股的目的是为了赚钱，如何选择股票，涉及太多需要掌握和了解的信息、知识和技能，投资者首先需要过关的，是要有一个正确的心态和输赢观，这里想谈的，是投资者怎样认识犯错和纠错。

一个人在做出操作决定前，一定是做过预测的，不管是你自己研究的，还是听信别人的，既然是预测，未来股价发生的方向也只是可能，不是一定，这是一般投资者需要了解的，这也是为什么正规投资报告书上最后都要写上一句"股市有风险，投资须谨慎"的原因。

像索罗斯这样的世界级投资大佬，1998年在香港也是折戟沉沙损失惨重的，有些时候人算不如天算，索罗斯先生著名的量子基金的命名就很能说明问题。"量子"的英文原意就是物理学的"测不准定理"，所以量子基金应该译为"测不准基金"。明明知道测不准却还要不断预测，这就是股票投资的魅力所在。索罗斯先生总结了他一生成功的秘诀就是在不断的犯错过程中，不断纠错，不断前进。

国内很多投资大佬，特别是私募界人物，往往各领风骚两三年，我们从每年的私募排行榜上就可以看出，很少有常胜将军，有的混得差的，甚至亏损清盘。

那些投资大佬尚且如此，作为一般投资者来说，专业能力逊色，自然犯错的几率更大一些。我们既然参与了证券投资，首先就得摆正心态，这个市场有很多机会，也有很多陷阱，问题成堆，我们在这种市场环境下就有很多犯错的可能，不必怨天尤人，在长期的股票投资中，我们需要做的，是精进自己的投资知识和技能，在不断犯错中总结教训，只有随时修正自己的错误，努力做到在自己能力范围内投资，才会取得更好的回报。谁不是在错误中成长起来的呢？

# 附录二

## 成飞集成（002190）——王者归来的三大启示

成飞集成，当年的一只不死鸟，在停牌 5 个月后复牌，再次上演一场席卷沪深两市的狂飙好戏，一副王者归来的气魄，其凌厉攻势，堪称荡气回肠。

成飞集成时隔 4 年的再次复活，让投资者深感困惑，为什么还是它？让我们先简单回顾一下当年它为什么称雄，以及它后来的运行情况吧。

2010 年 7 月 6 日，成飞集成在停牌数日后，复牌即涨停，随后发起一波凌厉攻势，历时两个月，最高涨到 39.96 元，这期间的涨幅达 323%，同期沪指只上涨了 3%。该股途中数次停牌，按交易所规定做特别说明，这也拦不住资金的疯狂参与，事后大家公认这次暴涨的原因是成飞集成将控股中航锂电，当年锂电池概念兴起，相关题材股票受到资金关注，而中航锂电给人的预期更为强烈，中航锂电是中国航空工业集团公司、中国空空导弹研究院共同投资，吸收合并洛阳天空能源公司成立的，按其长远规划，公司将建成 12 亿安时的锂离子动力电池产能，成为新能源上市公司，建成后产生净利润 3.74 亿元/年，而成飞集成 2009 年净利润 4178 万元，预计 2013 年项目建成后公司净利润增长约 9 倍，由此，给市场以巨大的想象空间，股票一涨再涨，独领风骚。

不过，该股在 2010 年 9 月 9 日冲到 39.96 元后，逐波回落，到 2012 年 10 月份时，跌至 11 元左右，随后该股因重大事项停牌近三个月，2013 年 1 月 12 日复牌前，公告称，成飞集成将收购同捷科技，同捷科技在汽车设计工程服务颇具名气，另外中航锂电获得新能源汽车产业技术工程奖励资金 1.5 亿元，14 日复牌后，连续大涨 4 日，但随后近一年的时间，股价基本稳定在 16 元附近横盘整理，其股价再无突出表现，成飞集成收购同捷科技的计划也最终告吹。

2013 年底，成飞集成又一纸公告，因重大事项停牌，直到 5 月 19 日惊艳亮世，时隔 4 年之后，成飞集成又是在火红的 6 月份，让市场再次见识了一段股市传奇。

5 月 19 日，成飞集成公告，公司拟定向发行约 9.55 亿股，以 158.47 亿元总价，购买沈飞、成飞及洪都科技各 100% 股权，两者是中航工业旗下战斗机、空面导弹核心资产。同时，拟定增募集配套资金 52.75 亿元，此次注入资产包括歼击机、空面导弹等核心防务资产，预估值达到了 158.47 亿元，成飞集成当前的总市值不过 50 亿元出头。这笔百亿元资产的注入不仅使公司市值规模快速翻数倍，而且成为中航工业防务资产整体上市平台，也将使其估值出现质的飞跃，如此大手笔的运作，堪称中国军工行业上市公司单次发行股份购买资产的规模之最。

给市场以极大想象的，一是歼击机、空面导弹等核心防务资产将注入上市公司，这在以前不可想象，从中可以看出，军工资产证券化的步伐得到实质性突破；二是上演了一场蛇吞象的好戏，简单估算一下成飞集成将得到超过自身体量的 3 倍资产，这是什么概念呢？这是非有国家战略前景的企业不可得的，用通俗的话来说，这是垄断资源，成飞集成，舍我其谁！三是可以从中看出国家意志在证券市场的体现。

该股复牌后，毫无悬念地 6 个一字板涨停，随后稍作停顿，继续强攻，短短一个多月的时间，一鼓作气最高涨到 61.39 元（见下图），迭创历史新高，涨幅达 277%，同期沪指下跌 3.64%，该股原本一骑绝尘，6 月 30 日，终于引爆整个航天军工板块大涨，市场为之瞠目结舌。

该股与当年的走势相比有类似的地方，更有本质的不同。相同之处在于，其一，操作手法都非常凌厉，一涨再涨，独孤求败；其二，途中游资都非常活跃，不断参与进出；其三，上涨途中公司也是数次做异常波动公告，也同样挡不住资金的热情；其四，爆炒的时间选择也是在 6 月份。本质不同是：其一，以前成飞并购中航锂电属于企业行为，而本次资产注入，则是国家意志的体现，完全不可同日而语；其二，因市场规则的变化，现在可以融资参加，本次成飞集成的大涨，也是市场不断融资参与的过程，这也是本次成交量远远大于当年的一个重要原因。

成飞集成在 6 个涨停板打开后，遭到融资客的疯狂涌入。当日成飞集成的融资买入额骤增至 2.60 亿元，创 2013 年 9 月 16 日该股成为两融标的以来历史新高，跃居所有两融标的中的首位。

经过半月的沉寂之后，6 月 17 日其融资买入额和净买入额分别骤增至 4.30 亿元和

1.62 亿元，由此，成飞集成的两融余额达到 9.85 亿元。

统计数据显示，2013 年以来截至 7 月 2 日，成飞集成在此期间累计融资买入额为 76.05 亿元，期间累计融资偿还额为 65.49 亿元，期间累计融资净买入额达 10.56 亿元，位居沪深两市 A 股融资净买入榜第四位。

成飞集成的表现，可以给人以这样的启示：一要关注时事，要有长远战略思维。军工资产证券化是大势所趋，并且在不断提速中，不要计较一时的得失，当年成飞集成表现后，其实还想资本运作，虽有失败，但结合股价来看，它跌到一定位置后即稳定下来，它用近一年的时间做横盘整理，成飞集成本身质地不错，是很好的军工资产证券化标的，此时要学会等待；二要学会鉴别。与中国重工比较，中国重工去年率先启动军工重大装备总装资产证券化试点，它是我国资本市场首家军工重大装备总装上市公司，一度刺激 4 个一字板涨停，但无奈盘子太大，155 亿流通股，不像成飞集成盘子小，仅有 3.45 亿的总股本，成飞集成当年走势令人印象深刻，卷土重来比较容易唤醒人们的记忆；三要有乘胜追击的信心和勇气，但这对于广大投资者来说，却不大适合，或只适用于游资行为，游资抓到机会就敢于勇猛参与，放手一搏，不过一些高位参与的，可能途中也在开溜。

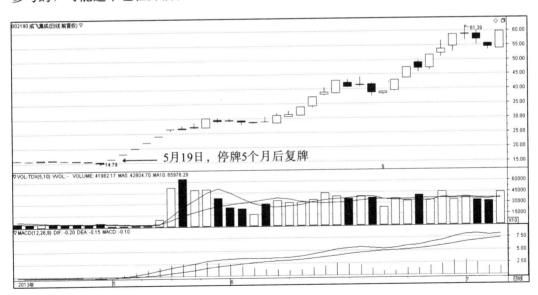

成飞集成（002190）2013 年 12 月 11 日～2014 年 7 月 4 日日 K 线走势图

# 附录三

## 妖股出没记——特立 A （000025）

2015 年 10 月 23 日，证监会新闻发言人透露，拟对 12 宗操作证券市场案件做出行政处罚，其中，吴某乐、深圳市某基金管理有限公司涉嫌合谋操纵特力 A 股票价格案，被罚没 13 亿元，引起市场广泛关注，群魔乱舞的妖股或许到了该谢幕的时候了。

一场股灾快速湮灭牛市的记忆，而股灾中，一只只妖股的不断竞相飞天，又迅速刺激人们渐已疲惫的神经，谁说股市没奇迹，那一只只恣意妄为的妖股，不正上演一幕幕股市逆袭剧情吗？

先让我们来看看，妖股王特力 A 是怎样神出鬼没成妖的吧！

我们知道，2015 年 A 股的牛市终结于 6 月 12 日 5178 点，沪指第一波快速下跌到 7 月 8 日的 3507 点，此时特力 A 也随着沪指一路下跌，并无异样，之后的走势，开始有点异常，7 月 9 日到 8 月 17 日，政府宣布救市这段时间，随着政府资金的大量投入，沪指从 3432 点涨到 3993 点，涨幅为 16％，而特立 A 从 9.88 元最高涨到 52 元，涨幅竟高达 426％，创历史新高，哪里还有股灾的影子！不过，第二波股灾从 8 月 18 日的 3999 点到 8 月 26 日的 2927 点，沪指跌幅为 36％，之后沪指有所反弹，即在 3070 点附近长时间横盘整理，而特力 A 的下跌，却一直延续到 9 月 8 日，跌幅达 56％。

然而，它在底部停顿几日后，从 9 月 11 日开始，正式发动起一场更为凌厉的攻势，9 个交易日，连续 9 个涨停板。几天时间又涨到前期高点，在此关键位置，公司停牌公告股票异常波动情况，照例是例行公事地进行风险提示，10 月 12 日复牌时，该公司发布了内容较多的复牌公告，对该公司在电子商务、珠宝等项目并无实质性进展的说明，由此引发投资者担心，该股票两天无量封跌停，10 月 14 日，该公司发布三季报业绩公告，盈利 1800 万元至 1900 万元，同比增长 333％至 357％！次日，该股毫无悬念地冲上涨停板，之后 8 个交易日，天天冲上涨停板，令人瞠目结舌！股价从 9 月 11 日算起，19 个交易日，涨幅高达 308％！如果从 7 月 9 日反弹开始算起，至 10 月 23 日，64 个交易日，涨幅为 781％！（见图一）而此时，沪指处于休养生息阶段，弱势盘整，（见图二）人们还沉浸在股灾的悲痛中难以自拔。

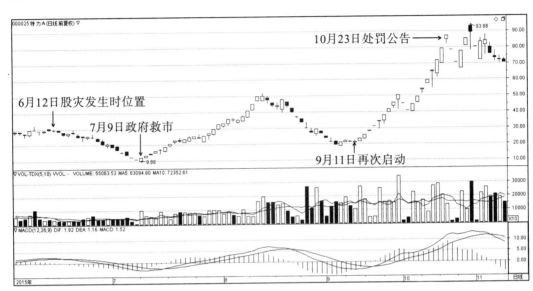

图一　特立A（000025）2015年6月2日～11月10日日K线走势图

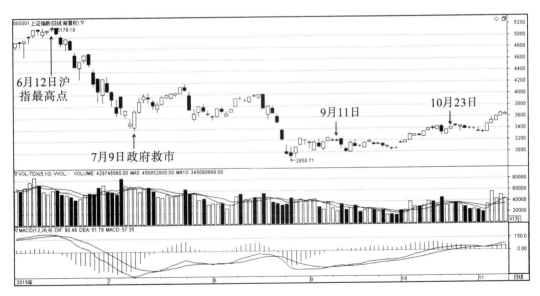

图二　同时期上证指数2015年6月2日～11月10日日K线走势图

由于特力A的标杆示范作用，一只只具备妖股品质的股票拔地而起，上海普天、海伦钢琴、海欣食品、暴风科技……迭创新高，一时令人不知今夕是何夕，今年的股灾还算股灾吗？

正所谓出来混，迟早都是要还的。10月23日，证监会的一纸行政处罚公告，将风口浪尖上的特力A们打回原形。人们不禁要问：A股市场上的这股妖风是怎么刮起来的呢？怎样认识此类闹剧呢？

笔者认为，这股妖风的刮起，是一种偷袭行为！首先，这次股灾已严重影响了投资者的信心，暂时不敢看好A股市场，从总体上来看，投资者已远离了市场，暂不关注个股；其次，股灾发生后，政府采取各种措施，限制做空，想方设法引导资金进场，包括引入国家队证金公司入场做多，似乎是人心所向；最后，监管层的工作重心在查处恶意做空者，仍在严防发生系统性风险。

特力A，特立独行的简称！9月11日发动第二次总攻，"9.11"，令人印象深刻的数字。这是一个很有意思的现象，值得玩味，回顾我国证券市场一些特殊案例，确有一些名字、数字有着某种特殊的含义，看来炒作者也是费了一番心思的。

A股市场，从来不缺炒作习气，2015年以特力A为甚。妖股几乎年年有，未来仍会有，中国A股市场还远不是有效市场，市场的各种弊端显而易见，作为一名合格成熟的投资者，需要做的是，认清形势，适时参与适合自己风险承受力的品种。

# 后记

终于脱稿！压在身上的一块石头一下子掀掉，感觉畅快无比！

写作本书的初衷是，自己在证券行业摸爬滚打了二十多年，总得给自己留下一点东西，同时将一些经验和心得分享给有缘读到本书的朋友。

现在的证券市场早已今非昔比了，自从2015年6月份股市去杠杆发生股灾之后，截至2018年10月下旬，大约已发生股灾7.0了。

以前也有很多漫漫熊途，天天小阴线钝刀割肉，看见账户上的市值一天天缩水，让人愁眉不展，但跟现在相比，简直是小巫见大巫，现在股灾直接跌停板，而且是连续的！就有这么横！而这一切缘于去杠杆，以前的人们是有一个钱炒一个钱，现在的人们有一个钱敢借五个甚至十个钱来炒，一去杠杆，还不夺路而逃吗？股价立马打到跌停板，可怜的一般投资者，遭受无妄之灾，让人欲哭无泪连逃命的机会都没有！真让人怀念那些年的漫漫熊市啊！

这个市场还有得玩吗？当然！证券市场自开办以来，发生了多少令人瞠目结舌、惊心动魄的事件？黑天鹅、灰犀牛还少吗？相信未来仍会有很多稀奇古怪的事情发生，这个市场照样精彩纷呈。

天下熙熙，皆为利来；天下攘攘，皆为利往。证券市场注定就是一个财富角斗场所，永远也不会消停，各种新玩法将不断上演，作为证券市场各条线上的局中人，风流总被雨打风吹去，随着时代的发展，仍将时势造英雄，将不断有人闪现光芒。

想起早年我的东家申银万国证券，是如此耀眼，在江湖人称"中国证券教父"阚治东的治下，开创了中国证券市场历史上若干"第一"，但非常不幸，阚治东因陆家嘴事件落马了。

1996年，上海与深圳，为了争夺中国证券市场的老大地位，申银万国作为上海本地大型券商，自然担当起了拯救沪市的重任，主要炒作了上海本地股陆家嘴，最终导致沪深两市异常火热，从而触犯了监管红线，最终阚治东被追究领导责任，被迫离职，阚治东从此在证券行业路上不顺畅，后来他到南方证券没干多长时间，再次出事并入狱，令人唏嘘不已。

笔者记得当时阚治东离开申银万国证券时，全公司沉浸在一片非常复杂的情感之中，很多人替他不值、惋惜，引发了全公司上下对于公司前途命运的万分担忧，陆家嘴事件，本公司会不会被哪家券商兼并呢？就像当年"3·27"国债事件，由以前阚治东的申银证券，接管了出事的管金生万国证券，组建成了申银万国证券，成为当时全国最大的券商。事件的最终结局还算幸运，申银万国证券完整地保留下来了。

不过自此以后，申银万国似乎失去了当年的锐气，偌大一家券商变得四平八稳起来，行业内已很难看到申银万国上头条了，倒是当年的许多小券商反而追赶上来成为大券商，牛气哄哄的，现在特别令人瞩目的是互联网券商的兴起，彻底打破了行业脆弱的平衡，过度竞争，这个行业正迅速成为红海。

不管券商如何发展，不管市场上的风云人物如何命运多舛，证券市场作为中国资本市场非常重要的一环，承担着企业直接融资的重要功能，这是历届政府都非常重视的，因此证券市场无论如何都不会关门大吉的。

所以，只要证券市场还在，股市的兴旺发达波澜壮阔和灾难深重熊途漫漫就会周而复始交替存在，令人感到慰藉的是，不管股市如何风云变幻，股市上经典的技术指标、理论永远都不会变，这是经历了长期的世界证券史检验了的，当然，也可能会有人研发出新指标、新理论，以更好地适应新形势。

作为一般投资者，学会学好学精技术分析，是非常必要的，这是基本功，在股市的正常运行环境下，是可以解决投资需要的。不过，当整个市场环境山崩地裂，系统性风险来临时，纵然你有一身好把式，也无力回天，这是技术分析者需要清醒认识的。

笔者有幸较早进入了A股市场，一起经历了中国A股市场的风风雨雨，见识了若干大事件始末，未来仍将继续见识A股市场种种奇闻逸事，继续风雨无阻地在证券行业前行。

非常感谢引领我进入证券行业的幺叔王常武、幺妈夏婉玉！是他们让我在青葱年华就见识到了证券市场的无穷魅力，并成为我的终身职业爱好。在本书即将出版之际，我愈加怀念幺妈，她和蔼可亲的音容笑貌犹如昨天，定格在我的记忆里！非常感谢我的良师益友彭晓征先生，让我受益良多！彭总比我更早进入证券行业，历任君安、国泰君安、华泰证券等多家全国大型券商总经理，具有非常开阔的视野，我们早年各为其主，彼时彭总在君安，我在申万，互为竞争对手，如今成为笑谈。

资深区域经济与产业经济专家、西南交通大学经济管理学院骆玲教授，在百忙中为本书写序，令人非常感动！骆教授长期从事经济学特别是投资学、区域经济学教学多年，在交通运输与区域经济发展等研究领域深耕细作，著述颇多。而且骆教授还是一位从成都红庙子就开始炒股的成功人士。非常感谢电子科技大学冯先宁老师，多次与我对本书的写作进行广泛探讨！冯先生是我的老乡老友，对证券技术分析有独到见解。与智者同行，行稳致远。

本书的顺利出版得到了四川人民出版社何朝霞、江风老师和优质财经运营平台考拉看看马玥、姚茂敦两位老师的大力支持和帮助，在此一并感谢！还要感谢邓彬、杜霄同学参与修改、整理图片。本书写作完毕，一个念想油然而生，本书主要讲述的是股票生命周期投资分析方法，而如何避免自己成为被收割的韭菜，找到在股市长期稳妥生存下去的方法，将在我下一本书呈现，敬请期待。您的阅读让我们成为有缘人，如果您对本书有任何想法或者建议，欢迎探讨交流。祝各位读者投资顺利！

作者电子邮箱：873997735@qq.com

个人微信号：dmx510502

2018 年 10 月 27 日